Über dieses Buch

Wer sprachlich interessiert und lernbereit ist und wer die englische Grammatik der Stufe "Pre-Intermediate" in Ruhe, im Selbststudium vertiefen möchte, erhält hier das passende Material.
Es eignet sich besonders als Zusatzmaterial zu Kursen wie "Headway Pre-Intermediate" und bietet solide Repetition vor dem Einstieg in die Lernstufe "Intermediate", etwa zum Sichern der Grundlagen für First-Certificate Kurse.

Viele Lernende möchten einfach noch etwas mehr tun. Andere müssen auch einmal dem Unterricht fernbleiben. Bei einigen wird die Konzentrationsfähigkeit auf die Dauer überfordert. Inhalte und Lerntempo werden im Unterricht oft über längere Zeiträume hinweg durch die Gemeinschaft bestimmt und können nicht alle Bedürfnisse abdecken. Viele möchten deshalb den Stoff in einer anderen Umgebung, in ihrem eigenen Tempo studieren. Das wird mit diesem Arbeitsbuch ermöglicht. Es ist der Folgeband zur DITO Grammatik 1, Lernstufe Elementary.

Wie ist diese Übungs-Grammatik aufgebaut ?

Alle Grammatik der Lernstufe "Pre-Intermediate" ist erklärt, mit vielen Beispielen und systematischen Kästchen sowie klar formulierten Regeln und hilfreichen Tipps.

Lernen Sie zu zweit! Praktisch alle Beispielsätze sind ins Deutsche übersetzt. Sie wurden so konzipiert, dass es lohnt, sie jeweils als Lernkontrolle vom Deutschen ins Englische zurück zu übersetzen. Man kann auf diese Art auch andere Lernende abfragen.

Welche Übungstypen ?

Die vielfältigen, längeren und deshalb einprägsamen Übungen eignen sich als Ergänzung zu jedem Kurs der Stufe "Pre-Intermediate". Sie sind auch auf internationale Prüfungen wie etwa das First Certificate ausgelegt und behandeln Kontraste zwischen Strukturen, etwa zwischen den verschiedenen Formen der Gegenwart. Auch Textproduktion wie Briefe schreiben wird eingeführt. Dazu kommen übersichtlich gegliederte Übersetzungen, auf die Lernende, die Deutsch verstehen, nicht verzichten müssen. Das Übersetzen erfordert Genauigkeit und hilft mit, die Wortfolge einzuüben und das Vokabular zu festigen.
Der Gedankenstrich (—) in den Übungen bedeutet, dass danach eine andere Person spricht.

Wie arbeiten ?

Es gibt ganz verschiedene Typen von Lernenden. Dennoch seien hier die wichtigsten aller Lerntipps gegeben:

1 Jedes Teilkapitel mehrmals durchsehen.
2 Wichtige Regeln und Wörter auf Kärtchen schreiben und damit lernen.
3 Zu zweit oder in Kleingruppen arbeiten.

Viel Erfolg!

Inhaltsverzeichnis

Unit 1 — 1

Entscheidungsfragen – *Yes/No* Questions 1
Fragewörter – Question words 2
Kurzantworten – Short answers 3
Aktualitätsform der Gegenwart – The present continuous 3

Unit 2 — 11

Einfache Gegenwart – Present Simple Tense 11
Haben und mehr – *Have* vs. *Have got* 14

Unit 3 — 19

Einfache Vergangenheit – Past Simple Tense................................. 19
Verlaufsform der Vergangenheit – The Past Continuous................. 20

Unit 4 — 27

Some, *any* + Zusammensetzungen – *Some*, *any* and compounds..... 27
Viel und wenig – *Much, many, a lot, a few, a little* 28
Verwendung der Artikel – Use of articles 29
Höfliche Bitten mit *Can* und *Could* – *Can I? Could you?* 31
Kurzform *'ll* für spontane Hilfe – Spontaneous *'ll* for offers 32
Mehrzahl der Nomen – Plural of nouns 32

Unit 5 — 38

Verbkonstruktionen – Verb patterns 38
to + Grundform – *to* + infinitive 38
Konstruktionen mit der *–ing*-Form – Gerunds 39
Zwei Möglichkeiten – Two options 39
Zukunftsformen – Futures 40
will + Grundform – *Will* + infinitive 40
be + *going to* + Grundform – *be* + *going to* + infinitive 41
Shall I? Shall we? 43

Unit 6 — 50

Bitte um Beschreibung mit *What ... like*? 50
Vergleichsformen – Comparisons 50
Definierende Bezugssätze – Defining relative clauses 52
Ausmalende Bezugssätze – Non-defining relative clauses 53

Unit 7 — 57

Einfache Vorgegenwart – Present Perfect Simple Tense 57
since und *for* 59
Vorgegenwart und Vergangenheit – Present Perfect and Past 60

Kurzantworten – Short answers 63
Adverbien – Adverbs 63
Relativsätze ohne Pronomen – Contact clauses 65

Unit 8 — 71

Modalverben – Modal verbs 71

Unit 9 — 80

Modalverb *will* für Information über die Zukunft – will 80
Die Zukunft bei Zeitsätzen und Bedingungssätzen – *will+when/if* 80
if und *when* – *if* vs. *when* 81

Unit 10 — 89

Frühere Gewohnheiten – *used to* + infinitive 89
Fragen nach Subjekt und Objekt – Subject and object questions..... 90
Fragen mit Präpositionen – Questions with prepositions 90
Frageanhängsel *nicht wahr?*– Question Tags 91

Unit 11 — 97

Das Passiv – The Passive Voice 97

Unit 12 — 104

Weitere Verbkonstruktionen – More Verb Patterns 104
Grundform zur Angabe des Zwecks – Infinitive of Purpose 109
gelangweilt und langweilig – *bored* and *boring* 109

Unit 13 — 116

Irreale Bedingungssätze – Unreal Conditional Clauses 116
Modales Hilfsverb *might* – Modal Auxiliary *might* 117
Mehrteilige Verben – Multi-word verbs 118

Unit 14 — 125

Verlaufsform der Vorgegenwart – Present Perfect Continuous 125
Gebrauch von *lange* – *How long? — For a long time.* 126

Unit 15 — 132

Die Vorvergangenheit – The Past Perfect 132
Indirekte Rede – Indirect Speech 133
Get für Veränderungen – *Get* for changes 134

Verbs — 140

Index — 144

1 Yes/No Questions — Entscheidungsfragen

Wie in andern Sprachen wird die Entscheidungsfrage auch im Englischen gebildet, indem man Verb und Subjekt des Satzes umstellt. Im Deutschen wird die Aussage *Du kannst schwimmen* zur Frage *Kannst du schwimmen?* — das Verb *kannst* wurde vor das Subjekt *du* gesetzt.
Im Englischen passiert das auch. So entsteht aus der Aussage *You can swim* die Frage *Can you swim?*
Ein grosser Unterschied besteht aber darin, dass im Englischen immer zwei Verben benützt werden müssen. Das deutsche *Magst du Fisch?* heisst im Englischen nicht ~~*Like you fish?*~~, sondern *Do you like fish?* Das Subjekt *you* ist von zwei Verben umrahmt.
Eine Ausnahme ist das Verb *be* mit seinen Formen *am, are, is*. Beispiel: *Are you hungry?* Das Verb *be (are)* ist aber auch hier eigentlich nicht allein, denn rechts steht noch das Adjektiv *hungry*. Klar — *Are you?* ohne einen Zusatz würde wenig Sinn machen.

Übersicht über Fragestrukturen

Verb	Subjekt	Verb	Weiteres	Übersetzung
Are	you		happy?	Bist du glücklich?
Is	she		here?	Ist sie hier?
Am	I	dreaming?		Träume ich (jetzt)?
Is	he	watching	TV?	Ist er am Fernsehen?
Are	they	doing	the washing-up?	Erledigen sie (gerade) den Abwasch?
Are	you	going to do	the homework?	Hast du vor, die Aufgaben zu machen?
Is	she	going to walk	to the office?	Hat sie vor, zu Fuss ins Büro zu gehen?
Can	you	cook?		Kannst du kochen?
Shall	I	help	you?	Soll ich Ihnen helfen?
Will	you	make	the coffee?	Wirst du den Kaffee machen?
Have	you	got	a motorbike?	Hast du ein Motorrad?
Has	he	got	his own flat?	Hat er eine eigene Wohnung?
Do	you	want	to leave?	Willst du gehen?
Does	she	*always* have	lunch at 12?	Isst sie immer um 12 zu Mittag?
Did	he	call	you yesterday?	Hat er dich gestern angerufen?
Did	they	work	last Saturday?	Haben sie am letzten Samstag gearbeitet?

2 Question words — Fragewörter

Gehen Sie die folgenden Beispiele durch. Könnten Sie den englischen Text abdecken und korrekt vom Deutschen ins Englische übersetzen?

a Die häufigsten Fragewörter

What	does she do?	Was macht sie (beruflich)?
Where	is he from?	Wo ist er her?
When	did they leave?	Wann reisten sie ab / sind sie abgereist?
Who	is Andy?	Wer ist Andy?
Whose	book is this?	Wessen Buch ist das?
Why	don't you want to stay?	Weshalb willst du nicht bleiben?

Neben *How* steht oft noch ein Adjektiv oder Adverb

How	do you travel to work?	Wie fährst/gehst du zur Arbeit?
How	are you?	Wie geht es dir?
How old	is she?	Wie alt ist sie?
How tall	are you?	Wie gross sind Sie?
How often	do you go jogging?	Wie oft gehen Sie joggen?
How much	money do you need?	Wieviel Geld brauchst du?
How many	people were there?	Wie viele Leute waren da?

b *What* und *Which* — *Welche, welcher* oder *Was für ein*?

Which **steht, wenn die Antwortmöglichkeiten beschränkt oder bekannt sind**

Which pullover will you take - the blue one or the red one?	Welchen Pullover wirst du nehmen - den blauen oder den roten?
Which sandwich do you want - the one with cheese or the one with sausage?	Welches Sandwich willst du - das mit Käse oder das mit Wurst?

➜ Vergessen Sie das Stützwort *one* nicht! Weder der Artikel *the* noch ein Adjektiv können allein stehen.

What **steht, wenn die Antwortmöglichkeiten unbeschränkt oder unbekannt sind**

What time	is it?	Wieviel Uhr / Was für Zeit ist es?
What colour	is your car?	Welche Farbe hat dein Auto?
What size	are you?	Welche Grösse haben Sie?
What kind	of music do you usually listen to?	Was für Musik hörst du meistens?

3 Short answers — Kurzantworten

Häufig wird auf eine Entscheidungsfrage im Englischen nicht nur mit einem knappen *Yes* oder *No* geantwortet, sondern das Subjekt und das Frageverb werden wiederholt. Das wirkt vollständiger und höflicher.

Are	**you**	tired ?	Yes,	**I**	**am.**	No,	**I**	**'m not.**
Is	**he**	coming ?	Yes,	**he**	**is.**	No,	**he**	**isn't.**
Was	**she**	here ?	Yes,	**she**	**was.**	No,	**she**	**wasn't.**
Were	**you**	alone ?	Yes,	**we**	**were.**	No,	**we**	**weren't.**
Have	**they**	got time ?	Yes,	**they**	**have.**	No,	**they**	**haven't.**
Has	**she**	seen us ?	Yes,	**she**	**has.**	No,	**she**	**hasn't.**
Can	**you**	swim ?	Yes,	**I**	**can.**	No,	**I**	**can't.**
Do	**you**	like it ?	Yes,	**we**	**do.**	No,	**we**	**don't.**
Does	**he**	smoke ?	Yes,	**he**	**does.**	No,	**he**	**doesn't.**
Did	**they**	catch him ?	Yes,	**they**	**did.**	No,	**they**	**didn't.**

4 The present continuous — Aktualitätsform der Gegenwart

Diese Form wird auch *Present Progressive Tense* und *Verlaufsform* genannt. Man braucht sie, um aktuelle oder für die Zukunft arrangierte Handlungen auszudrücken.
Auch Veränderungen eines Zustands werden mit der *Continuous Form* ausgedrückt.

a Construction — Bildung der Form

Die Aktualitätsform wird mit den Formen von *to be*, also *am, are, is* und dem Verb mit *–ing* gebildet.

I	am	I'm			Ich bin	(nicht) am Arbeiten.
You	are	You're			Du bist/Sie sind	(nicht) am Arbeiten.
He	is	He's			Er ist	(nicht) am Arbeiten.
She	is	She's	(not)	working.	Sie ist	(nicht) am Arbeiten.
It	is	It's			Es funktioniert	jetzt gerade (nicht).
We	are	We're			Wir sind	(nicht) am Arbeiten.
You	are	You're			Ihr seid	(nicht) am Arbeiten.
They	are	They're			Sie sind	(nicht) am Arbeiten.

➜ Die **Frageform** wird durch einfaches Umstellen gebildet:
Are(n't) you working? und *Is(n't) he working?* etc.

b Spelling — Schreibung

Beim Bilden der Form mit *–ing* gilt es ein paar Schreibregeln zu beachten.

tun spielen sterben, lechzen	do play die	doing playing dying	Meist bleibt die Schreibung des Verbs vor *–ing* unverändert. *–ie* wird mit *–ing* zu *–ying*.
schreiben machen sehen	write make see	writing making seeing	*–e* am Ende der Grundform, das man nicht hört (stummes *–e*), fällt vor *–ing* weg. *–e*, das man hört, bleibt aber.
zugeben sich beziehen aufhören	admit refer stop	admitting referring stopping	Wenn die Endsilbe betont ist, wird ein einzelner Konsonant nach einzelnem Vokal verdoppelt,
gutschreiben anbieten (sich) entwickeln	credit offer develop	crediting offering developing	bei unbetonter Endung aber nicht.

➜ *Diese Verdoppelungsregel gilt auch bei der Bildung der Vergangenheitsformen.*

c Use of the Present Continuous — Gebrauch der Aktualitätsform

➜ Das *Present Continuous* wird fast nur mit Verben verwendet, die eine Handlung ausdrücken. Diese Handlung kann

(2a) **jetzt gerade** stattfinden, oder sie kann
(2b) eine **Veränderung** bezeichnen. Sie kann ferner
(2c) eine **Vereinbarung für die Zukunft** oder
(2d) eine **Ausnahme** von der Regel ausdrücken.

Die Handlung wirkt oft quasi wie ein Film, der jetzt läuft. Merken Sie sich die Kurzformel:

⊙ **A**ction **n**ow or **a**rranged, or a **c**hange or **e**xception. **(AN ACE)**

1 Die Form wird mit Verben benützt, die eine Handlung ausdrücken (*She's walking, he's working, they're having fun*).

1a Einige Verben drücken Zustände oder Wünsche aus, keine Handlungen.
Bei ihnen kann die Aktualitätsform nicht angewendet werden. Unmöglich sind:
~~*She's not liking fish*~~ , ~~*He's wanting some water*~~ , ~~*They're having a new car*~~.

Bei solchen Verben muss das *Present Simple* benützt werden. Es heisst
She doesn't like fish, He wants some water und *They have a new car.* (Kapitel 5)

1b Gewisse Verben drücken manchmal eine Handlung aus, manchmal nicht. Sie werden entsprechend teils mit dem *Present Continuous* und teils mit dem *Present Simple* gebraucht, haben dann aber unterschiedliche Bedeutungen:

Beispiele:

We're having dinner. We have a daughter.	Wir sind am Abendessen. Wir haben eine Tochter.
Hang on — I'm thinking. I think that's a great idea.	Warte mal — Ich bin am Überlegen. Ich finde (glaube), das ist eine super Idee.

2 Die Aktualitätsform (present continuous) wird gebraucht, wenn eine Handlung

a ... gerade jetzt stattfindet:

We're working. They're not watching TV. Is she still using the bathroom? Why isn't he doing his homework?	Wir sind am Arbeiten. Sie sehen (jetzt gerade) nicht fern. Benützt sie immer noch das Badezimmer? Wieso ist er nicht bei seinen Hausaufgaben?

b ... eine Veränderung oder Entwicklung bezeichnet.

The baby's putting on a lot of weight. The atmosphere is getting warmer. Unemployment is growing in Europe. Your English is getting better all the time.	Der Säugling nimmt viel zu. Die Atmosphäre erwärmt sich. Die Arbeitslosigkeit nimmt in Europa zu. Dein Englisch wird immer besser.

c ... fest für eine zeitlich fixierte Zukunft arrangiert ist:

We're flying to Dallas tomorrow. I'm not going out tonight. When is she leaving? What are you doing this weekend?	Wir fliegen morgen nach Dallas. Ich gehe heute abend nicht aus. Wann geht sie weg (Wann reist sie ab)? Was machst du an diesem Wochenende?

d ... ausnahmsweise stattfindet:

No, I can't play tennis with you tomorrow; my mother's ill and I'm looking after her.	Nein, ich kann morgen nicht mit dir Tennis spielen; meine Mutter ist krank, und ich kümmere mich um sie.
Just mineral water for me, please. I'm driving today.	Bitte nur Mineralwasser für mich. Heute fahre ich.

A Which word — What or which ? — Setzen Sie ein.

1 Tell me, __________ kind of music do you like?

2 __________ do you want to do tonight?

3 __________ was your favourite food when you were young?

4 __________ sandwich would you prefer — the one with turkey or the one with cheese?

5 __________ size jeans do you wear? And __________ colour are you looking for?

6 There's a horror film and a whodunit — __________ do you want to see?

7 __________ sort of person is your new boss?

8 We have the T-shirts in small, medium, large and extra large — __________ will you take?

9 __________ cities in Europe have more than 500,000 inhabitants?

10 __________ is your strong leg?

11 __________ serials do you watch on TV?

12 Well, now the dessert ... apple pie or cherry pie — _________ would you like?

B Questions — Fragen Sie nach dem unterstrichenen Ausdruck.

1 Her hair is black. *What colour* .... ?

2 She speaks Spanish and English. ....

3 He did his homework yesterday. ....

4 My boss is old and very friendly. ....

5 She works at a hospital in the city. ....

6 I'm learning English because of my job. ....

7 My parents are quiet people. ....

8 He goes to work by bus. ....

9 I'm waiting for you because I like you. ....

10 Her bicycle is blue. ....

11 I read books of romance. ....

12 She did the final exam <u>last year</u>. ....

13 My mother is <u>very well, thank you</u>. ....

14 We saw <u>Michael Jackson</u> yesterday. ....

15 I go swimming <u>twice a week</u>. ....

16 He wants <u>the blue one</u>. ....

C Spelling — Schreiben Sie die Form mit *-ing*. Können Sie die Verben übersetzen?

1	plan	....	7	queue	....
2	pay	....	8	develop	....
3	lie	....	9	lose	....
4	compel	....	10	refer	....
5	mention	....	11	credit	....
6	offer	....	12	remit	....

D Dynamic or static? — Machen Sie einen Haken bei den Verben, die im Present Continuous gebraucht werden. Machen Sie ein Kreuz dort, wo die Form mit *-ing* nicht üblich ist.
Übersetzen Sie alle Ausdrücke.

0 look after the baby ✓ *sich um das Baby kümmern*

0 think that × *finden oder meinen, dass ...*

1 do the washing-up ....

2 believe ....

3 understand ....

4 enjoy ....

5 have fun ....

6 like ....

7 belong ....

8 need ....

9 want ....

10 sit ....

11 prefer ....

12 speak ....

13 get ....

14 matter ....

15 suppose ....

16 have breakfast ....

17 own ....

E Vocabulary: Jobs — Wer tut gerade was? Benützen Sie die weibliche Form, falls es eine gibt.

0 The (act) *actress* (concentrate) *is concentrating* on the role of Juliet.

1 The *nu*..................... (wash) .... a patient at the hospital.

2 The (farm) .... (drive) .... his tractor.

3 The (photo) .... (take) .... a picture of the wedding couple.

4 The (garden) .... (cut) .... the grass.

5 The *auto me* .... (try) .... to repair my car.

6 The (wait) .... (bring) .... the menu.

7 The .... (examine) .... the patient's leg.

8 The *bank c*................ (remit) .... £1,500.

9 The *shop a*.............................. (sell) .... clothes.

10 The software (engine) .... (develop) .... a new program.

F Writing an informal letter — Setzen Sie Wörter ein oder streichen Sie den unpassenden Ausdruck.

16 Leighton Road,
Bristol BS3 1NT 2 March 1998

1 .... Toni

a **2** .... you for your letter, and I just **3** .... to tell you that I'm really very happy for you.

b You say that you **4** are believing/believe your life **5** changes/will change. Well, I **6** .... sure it will. Just **7** .... every day as it comes, and enjoy it.

c At the moment **8** I work/I'm working a lot. It **9** .... now clear that I can **10** staying/ stay in this job for at least another year, and since my colleague is on holiday I'm responsible for a lot of things. Usually **11** I type/I'm typing and **12** make/making phone calls. But right now **13** I also book/I'm also booking the travel arrangements for my boss and even **14** .... the company car to the garage.

d **15** I just die/I'm just dying for a holiday, and my husband **16** also tells/ is also telling me **17** to take/taking some days off. Poor David, **18** he now looks/he's now looking after our daughter all day long.

e Well, the phone's **19**................ again and I must stop. I **20** .... to see you in May. **21** .... soon and tell me when we could come to see you!

Love

Britta

G An Informal Letter — Bitte beantworten Sie die Fragen zum Text.

1 Was fehlt beim Absender? ....

2 Wie wird die Empfängerin angeredet? ....

3 Wie viele Leute werden den Brief lesen? ....

4 Wie stehen Britta und Toni zueinander? ....

5 Weshalb schreibt Britta den Brief? ....

6 In welchem Absatz steht der Grund? ....

7 Was steht im Absatz c ? ....

8 Wozu leitet Absatz d über? ....

9 Worum geht es im Absatz e ? ....

10 Werden in diesem informellen Brief Kurzformen benützt? ....

11 Nennen Sie einen informellen Ausdruck! ....

12 Welche zwei dieser vier Ausdrücke würden in einem formellen Brief anstelle von *Love* am ehesten den Brief schliessen ?
Yours sincerely / Kind regards ....
Yours faithfully / Best wishes ....

H Translation — Bitte übersetzen Sie.

1 Wieso bist du nicht glücklich? ....

2 In welche Richtung sollen wir gehen? ....

3 Was für Bücher liest du? ....

4 Hallo, Jim! Was machst du hier? ....

5 Wann sind sie abgereist? ....

6 Wie viele Leute waren da? ....

7 Welche Farbe hat dein Motorrad? ....

8 Welche Grösse haben Sie? ....

9 Wessen Geld ist das? ....

10 Mit welcher Hand schreibst du? ....

I Translation — Bitte übersetzen Sie.

1 Wir sind am Mittagessen. ....
Komm' herein und setz' dich zu uns. ....

2 Ich finde, es ist eine gute Idee. — ....
Und ich denke immer noch darüber nach..

3 Sie entwickeln jetzt ein neues Programm. ....

4 Ich brenne darauf, dich zu sehen. ....

5 Ich erwähne das nicht, um dir weh zu tun..

6 Der Kugelschreiber gehört der Kellnerin. ....

7 Ich nehme an, Sie sind Krankenschwester. ....

8 Der Ingenieur will sie jetzt nicht sehen. ....

5 Present Simple Tense — Einfache Gegenwart

Die einfache Gegenwartsform wird verwendet für

➔	allgemeine Aussagen:	British pupils wear uniforms.
➔	Gewohnheiten:	He eats a lot, but she doesn't.
➔	Verben, die keine Dynamik aufweisen:	Do you need some change?

a Construction — Bildung der Form

Die dritte Person Einzahl erhält ein *–s*.
Für Fragen und Verneinungen werden *do* oder *does* mit dem *Infinitiv* verwendet.

	Subjekt	**Konjugiertes Verb**	**Grundform**
✓	I / you / we / they he / she / it	like likes	
×	I / you / we / they he / she / it	don't doesn't	like like_

	Konjugiertes Verb	**Subjekt**	**Grundform**
?	Do Does	I / you / we / they he / she / it	like? like?
×?	Don't Doesn't	I / you / we / they he / she / it	like? like?

➔ Die Rechtschreibregeln beim Anhängen von *–s* sind dieselben wie bei den Nomen. Nach Zischlaut steht *–es* (*watch/watches*) . Ein *y* nach Konsonant wird mit *–s* zu *–ies* (*try/tries*). Vergleichen Sie die Mehrzahl der Nomen (Kapitel 14 a).

➔ **Ausnahmen**:
do/does [duː /dʌz], *go/goes*, *have/has* und die Aussprache von *says* [sez].

b Use of the Present Simple Tense — Gebrauch der einfachen Gegenwart

1 Die einfache Gegenwart wird für planmässige Gewohnheiten verwendet.

Das erkennt man oft an Häufigkeitsadverbien im Satz:

Do you **often** get up at 6?	Stehst du oft um 6 Uhr auf?
I don't **usually** have a big breakfast.	Ich esse meist kein grosses Frühstück.
Does she **always** go jogging after work?	Geht sie immer laufen nach der Arbeit?
They **sometimes** go to bed late.	Sie gehen manchmal spät ins Bett.

2 Einige Verben werden meist in der einfachen Gegenwart verwendet — und in der Regel nicht in der ~~Verlaufsform~~.

Lernen Sie die wichtigsten und übersetzen Sie von deutsch auf englisch, indem Sie jeweils die englische Spalte abdecken:

believe	glauben	like	mögen	realise	merken
belong	gehören	matter	darauf ankommen	remember	sich erinnern
contain	enthalten	need	benötigen	suppose	annehmen
forget	vergessen	own	besitzen	understand	verstehen
hate	hassen	prefer	vorziehen	want	wollen
hear	hören	promise	versprechen	wish	wünschen

➜ Diese Verben bezeichnen u.a. Zustände (*contain, own* etc.), Wünsche oder Vorlieben (*like, hate, prefer*) und Ergebnisse (*understand, hear*). (→Vgl. Unit 1 Exercise D).

3 Gewisse Verben haben unterschiedliche Bedeutungen, je nachdem, ob sie mit der einfachen Gegenwartsform oder der Verlaufsform verwendet werden.

Zustand,	**statisch**	**Handlung,**	**dynamisch**
I think	Ich **finde**, meine	I'm thinking	Ich **denke nach**
I see	Ich **verstehe**	I'm seeing her tonight	Ich **treffe** sie heute abend
I have a new bike	Ich **habe** ein neues Rad	I'm having lunch	Ich **esse** zu mittag
It looks great	Es **sieht** super **aus**	He's looking at you	Er **sieht** dich **an**
I feel you're right	Ich **glaube**, du hast recht	We're feeling good	Wir **fühlen** uns gut

4 Die einfache Gegenwart wird ferner verwendet für

a ... Anweisungen — wie diese Wegerklärung:

Go down this road. When you get to the post office, turn left. Keep straight on at the next traffic lights and take the second turning on the left. Go on till you arrive at a crossing, and it's opposite the supermarket. It's just 5 minutes' walk.

b ... Kommentare — wie in dieser Kochsendung am Fernsehen:

Now that's how I prepare the shrimp. First I peel an onion and a small carrot, and chop them very finely. Then I put some gourmet butter into the frying pan and sauté until golden. Then I add the shrimp and fry it at medium heat until it's red. Then I pull the pan away from the heat. Now I pour a small glass of brandy in and flame it. After that I .....

c einen Ablauf von Handlungen — wie bei diesem Fussballspiel:

... Cafu passes to Ronaldo, but Deschamps intercepts. Zidane passes to Petit, he shoots, and it's another goal for France!

6 Have vs. Have got

Die Formen dieser Verben sind die folgenden:

a have

✓	I you we they	have		He she it	has	
×	I you we they	don't	have	He she it	doesn't	have
?	Do(n't)	I you we they	have ?	Does(n't)	he she it	have ?

b have got

✓	I you we they	've (have)	got	He she it	's (has)	got
×	I you we they	haven't	got	He she it	hasn't	got
?	Have(n't)	I you we they	got ?	Has(n't)	he she it	got ?

c Unterschiede beim Gebrauch

➔ Die zwei Verben *have* und *have got* unterscheiden sich in verschiedener Hinsicht.

a	**Have**	kann noch anderes heissen als *haben, besitzen* *(We have lunch at 1, let's have a drink, I have a shower every morning)*
	have	kann dann auch in der Verlaufsform verwendet werden *(We're having a party tomorrow)*

b	**have**	steht allein als Hauptverb und kann nicht abgekürzt werden (Richtig: *I have a sister*, falsch: ~~*I've a sister*~~ — aber richtig: *I've got a sister*)

c	**have got**	wird in formellen Schriftstücken nicht verwendet

d	**have got**	wird meist mündlich gebraucht

E	**have got**	kann nicht in der Verlaufsform gebraucht werden.

A is or has? — Schreiben Sie die abgekürzten Formen aus.

1	Lloyd's retired.	is	7	Peggy's cold.	....
2	He's American.	....	8	She's got the flu.	....
3	He's got 3 children.	....	9	Peggy's sitting in the bar.	....
4	He's interested in politics.	....	10	She's making tea.	....
5	He's got a nice house.	....	11	She's got a new car.	....
6	He's size 34.	....	12	She's married to Lloyd.	....

B *pays, pais* or *paies*? — Schreiben Sie die Verben in der dritten Person Einzahl.

1	pay	....	5	help	....	9	do	....	13	have	....
2	miss	....	6	spy	....	10	say	....	14	go	....
3	try	....	7	offer	....	11	plan	....	15	can	....
4	die	....	8	watch	....	12	carry	....	16	be	....

C Activity or not? — Setzen Sie die Gegenwartsformen der Verben ein.

1 Why (you / look) .... at me in this funny way?

2 Your new hairdo (look) .... great.

3 (you / see) .... what I'm trying to say?

4 I (feel) .... so happy because I (see) .... you tomorrow.

5 Come on, we (all feel) .... hungry, so let's go and have lunch.

6 I (not know) .... the answer yet, I (still / think) .... about it.

7 I (listen) .... very hard, but I can't hear anything.

8 Come over — we (have) .... a lot of fun. —
Well, I'd certainly like to, but I can't. I (not have) .... a car. And I (also have) .... to start work early tomorrow.

D Simple or Continuous? — Setzen Sie die Gegenwartsformen der Verben ein.

1 I (often/wear) .... ties, but today I (not/wear) .... one.

2 She's in her room. She (play) .... the piano. Usually she (not/play) .... that much, but this weekend she (have) .... a concert. That's why she (want) .... to practise a lot now.

3 A: Hey! What (you/do) .... here?
B: I (make) .... a speech at the language conference.

4 He's in the kitchen. He (try) .... out a new dish. He (not/cook) .... very often, but next Saturday he (have) .... a dinner party. So he (want) .... to be the perfect chef.

5 I (not/usually/work) .... here. But this week we (do) .... the accounts for this firm.

6 A: I (think) .... Tom (leave) .... now.
B: Why? (he/not like) .... the party?
A: Yes, I'm sure he .... But I (understand) .... he (want) .... to be home early tonight because tomorrow he (fly) .... to Chicago.

7 A: How (you/get) .... to work as a rule?
B: I (go/usually) .... in Pat's car, but tomorrow Pat (use) .... it, so I (take) .... the bus.

8 (this wallet/belong) .... to you?

9 A: Isn't that a high price? — B: Oh, it (not/matter) ....

10 The last train for Basle (leave) .... at midnight.

11 (people/wear) .... school uniforms in Switzerland?

12 A: What (your sister/do) ....?
B: She's a shop assistant, and now she (train) .... to be a customer service advisor.

E Vocabulary: Furniture — Setzen Sie Wörter ein oder vervollständigen Sie.

1 In the liv______ room, Maggie is sit_____ in a comfort______ arm________ while Nick is l__ing on the so___ opposite her, looking at the cei_______ above him. There are some maga_______ on the little t________ between them. Maggie takes o___ . The cat is sleeping on the woollen ca______ on the fl_____ .

2 Now, Nick stands up and w______ over to the books_____. He ta_____ a book, looks _____ it, then looks out of the w_________ . The sky is dark. Then, without a word, he l___________ the room.

3 In his be____oom, Nick turns on the l________ and then walks to his s_______ and puts on some music. He s_____ down at his d_______ and starts writ_____ a letter. The do___ of the cu________ on the wa____ behind him is open. The roses in the vase on the c_______ of drawers are dry.

4 Meanwhile Maggie goes to the kit____ ___ make herself a _____ of tea. There are a lot of dirty di______ in the s_____. She goes to the fr_______ to see if there is any milk. Suddenly, she h_______ a knock on the door ...

F Link Words — Ordnen Sie die Sätze einander zu.

1	Wash your hands	i	a	so I left.
2	He can use a computer,		b	but her husband kept his cool.
3	I'll go on holiday next week		c	However, I think it's difficult to learn.
4	I'm only doing this for you		d	and that's why I want to study French harder.
5	Although he looked very ugly,		e	if you like.
6	There was nothing I could do,		f	unless there's an important order.
7	I don't understand these words,		g	but he can't type.
8	Come and join us		h	he got on well with a lot of people.
9	I like Spanish.		i	after you go to the toilet.
10	She was extremely nervous,		j	because I love you.

G Translation — Bitte übersetzen Sie.

1 Steh' auf! Wir sind am frühstücken. ....

2 Wir gehen meist nicht spät zu Bett. ....

3 Gehört der Schüler dort ....
zu unserer Gruppe? ....

4 Oh, darauf kommt es jetzt nicht an. ....

5 Wir machen heute abend eine Party. ....

6 Hast du bitte etwas Wasser für mich? ....

7 Will sie jetzt aufbrechen (weggehen)? ....

8 Besitzen sie jetzt eine Wohnung? ....

9 Jetzt bekomme ich Hunger. ....

H Translation — Bitte übersetzen Sie.

1 Gehen Sie weiter geradeaus. ....

2 Biegen Sie links ab. ....

3 Es ist einfach: ....
Ich lege das Brot in den Toaster, ...
ich drücke den Knopf hinunter ....
und ich warte. ....

4 Was tust du hier? — ....
Nun, ich sitze einfach hier. ....

I Translation — Bitte übersetzen Sie.

1 Ich habe lieber Französisch als Spanisch, ...
obwohl ich die Lehrerin nicht mag. ....

2 Ich fühle mich heute sehr müde. — ....
Dennoch müssen wir aufstehen. ....

3 Es regnet, ...
aber ich will nicht drin bleiben. ....

4 Die (Zimmer)Decke ist sehr dunkel, ...
deshalb müssen wir sie malen. ....

7 Past Simple Tense — Einfache Vergangenheit

Die einfache Vergangenheit wird gewöhnlich verwendet,

a	wenn eine Geschichte erzählt wird.	I *got* up at 7, *had* a shower and *went* to work. I *didn't* even *have* time for a cup of coffee.
b	wenn eine Handlung vorbei und erledigt ist, ohne Bezug auf jetzt.	I think she *was* married twice. *(Jetzt ist sie es nicht mehr)*
c	wenn ein Zeitausdruck die Handlung der Vergangenheit zuordnet.	Jimi Hendrix *died* **in 1970**. I *saw* Susan **on Friday**. I *didn't have* time for breakfast **yesterday**. They *left* **at 9.30pm**. We *travelled* to Spain **last year**. The train *arrived* ten minutes **ago**. (*ago* steht hinter der Zeit!)
	Dies geschieht auch bei *Fragen* nach einem Zeitpunkt.	**What time** *did* you *get* home? **When** *did* you *do* the washing-up?

a Past Simple Statements — Aussageformen der Vergangenheit

Die Vergangenheitsform ist unveränderlich und bleibt **bei allen Personen gleich**. Man bildet sie in der Regel durch Anhängen von *–ed* an die Grundform.

I	worked better.	Ich arbeitete besser/ habe besser gearbeitet.
you	worked better.	Du arbeitetest besser/ hast besser gearbeitet.
he she it	worked better.	Er/ Sie/ Es hat besser gearbeitet/ funktioniert.
we	worked better.	Wir arbeiteten besser/ haben besser gearbeitet.
you	worked better.	Ihr arbeitetet besser/ habt besser gearbeitet.
they	worked better.	Sie arbeiteten/ funktionierten besser/ haben besser funktioniert.

➜ Dabei gelten die bekannten Schreibregeln: *try* > *tried*, aber *play* > *played* (-y bleibt nach Vokal), und *offer* > *offered*, aber *refer* > *referred* (Verdoppelung bei betonter Endsilbe).

➜ Ferner gibt es die unregelmässigen Verben (Tabelle im Anhang). Nehmen Sie mal ein Blatt Papier und schreiben Sie alle auf, die Ihnen in den Sinn kommen. Wie viele sind es?

b Past Simple Negations — Verneinte Vergangenheitsformen

Man verwendet *didn't* und die Grundform. Alle Formen sind gleich.

I you we they	didn't	do that.	Ich habe es nicht getan / tat es nicht etc.
he she it	didn't	do that.	Er hat es nicht getan etc.

c Past Simple Questions — Frageformen der Vergangenheit

Man verwendet *did* respektive *didn't* und die Grundform.

Did	I you we they	watch TV?	Sah ich fern? Habe ich ferngesehen? etc.
Did	he she it	watch TV?	Sah er/ sie/ es fern? Hat er/ sie/ es ferngesehen? etc.
Didn't	I you we they	watch TV?	Sahst du nicht fern? Haben wir nicht ferngesehen?
Didn't	he she it	watch TV?	Sah er/ sie/ es nicht fern? etc.

d Was, Were + Could — Besondere Vergangenheitsformen

➜ Eine Ausnahme ist *to be* mit den zwei Formen *was* und *were*.

I	**am**	wird zu ➜	I	**was**
you we they	**are**	wird zu ➜	you we they	**were**
he she it	**is**	wird zu ➜	he she it	**was**

Verneint wird direkt *I wasn't, you weren't etc.* — Gefragt wird durch einfaches Umstellen, *were you, was he, was it etc.*

➜ Die Vergangenheit von *can* heisst *could* oder *was/were able to* (*able* = imstande, fähig).

8 The Past Continuous — Verlaufsform der Vergangenheit

➜ Wie in der Gegenwart gibt es auch in der Vergangenheit eine Verlaufsform für Handlungsverben.

a Construction — Bildung der Form

Die Verlaufsform der Vergangenheit wird mit den Formen von *to be*, also *was* oder *were* und der Verbform mit *-ing* gebildet, also

I was watching TV when she arrived	Ich sah gerade fern, als sie eintraf. Ich war gerade beim Fernsehen, als sie kam.
Were you having a shower when I called? etc.	Warst du beim Duschen, als ich anrief?

b Use of the Past Continuous — Gebrauch der Aktualitätsform

Wie das *Present Continuous* wird auch das *Past Continuous* (und alle anderen *Continuous* Zeiten) nur mit Verben verwendet, die eine Handlung ausdrücken.

(Vergleiche dazu ☞ Kapitel 4/c/1 und 5/b/2+3)

1 Wir benützen das *Past Continuous*, um auszudrücken, dass zwei Handlungen parallel zu einander abliefen.

I *was cooking* dinner **while** the kids *were watching* TV.	Ich kochte das Abendessen, während die Kinder am Fernsehen waren.
While Max *was working* at the office, Jim *was lying* on the beach.	Während Max im Büro arbeitete, lag Jim am Strand.

➜ Im Englischen steht kein Komma, wenn der Nebensatz dem Hauptsatz folgt.

2 Wir benützen das *Past Continuous*, wenn Handlungen im Hintergrund beschrieben werden. *Neu* eintretende Handlungen stehen im *Simple Past*.

They *were playing* football **when** they **heard** their mother call.	Sie waren am Fussball spielen, als sie ihre Mutter rufen hörten. (*neu*)
When I **got** home, my father *was playing* the piano, my sister *was laying* the table, and my mother *was reading* the newspaper.	Als ich nach Hause kam, (*neu*) war mein Vater am Klavier spielen, meine Schwester am Tisch decken und meine Mutter am Zeitung lesen.

3 Wir benützen das *Past Continuous*, um auszudrücken, dass eine Handlung zu einem bestimmten Zeitpunkt bereits im Gange war. Diese Handlung hatte vor dem bestimmten Zeitpunkt begonnen, aber noch nicht aufgehört.

What *were you doing* **at 12 o'clock**? I tried to call you, but you didn't answer the phone.	Womit warst du um 12 Uhr beschäftigt? Ich versuchte dich anzurufen, aber du nahmst das Telefon nicht ab.
They say they *were playing* cards **at the time of the crime**.	Sie sagen, sie spielten zur Tatzeit Karten.

➜ Bei Gewohnheiten verwenden wir die *Continuous Form* nicht.

A Vocabulary: *look* + prepositions — Setzen Sie die passende Präposition zu *look*.

1	look	....	anschauen
2	look	....	sich freuen auf
3	look	....	nachschlagen (im Wörterbuch)
4	look	....	sich kümmern um, aufpassen auf
5	look	....	Achtung! Pass' auf!
6	look	....	suchen
7	look	....	untersuchen

B Vocabulary: Prepositions — Setzen Sie die Präpositionen ein, wenn nötig.

➔ *Machen Sie von den Ausdrücken, die Sie nicht wussten, Kärtchen zum Lernen.*

1 I have to see the doctor .... this afternoon. Could you look .... the children please?

2 I'm not good .... French, I'm much better .... English.

3 Sue is married .... Bob. They got married .... 1997. They first met .... his stay in England. He stayed in England .... four months in 1995.

4 Please wait .... me. I'm still looking .... my ticket.

5 Do you agree .... her? — Yes. I have always agreed .... everything .... her.

6 Don't be afraid .... the boss. You should speak .... him .... Monday and ask him .... a few days' holiday.

7 I work .... a bank because I'm very interested .... the stock exchange.

8 This case looks similar .... the one we discussed .... the weekend.

9 It happened .... 8pm .... a sunny summer day .... August .... last year.

10 .... our summer holiday we were in Spain .... two weeks.

11 I'm looking .... / .... seeing you .... next week.

12 I work on my vocabulary all the time. .... my English classes, I look .... every word I don't know .... my dictionary, or I ask the teacher .... a translation. Then I write the word down .... a flip card, English .... one and German on the other side. Then I can look .... the cards whenever I want. And, because .... the repetitive effect, this really helps me to get better .... English.

C Spelling — Schreiben Sie die Vergangenheitsformen.

1	hurt	....	11	play	....
2	can't	....	12	fall	....
3	plan	....	13	catch	....
4	find	....	14	hit	....
5	want	....	15	choose	....
6	offer	....	16	try	....
7	laugh	....	17	fly	....
8	prefer	....	18	stop	....
9	credit	....	19	must	....
10	develop	....	20	pay	....

D Questions — Bilden Sie Entscheidungsfragen. Beachten Sie die Zeiten!

1	They were at home.	*Were* ....
2	I lost some money.	.... *you* ....
3	She had lunch at 12.	....
4	She likes beer.	....
5	She cut my hair.	....
6	He could understand.	....
7	We arrived on time.	....
8	There was some rain.	....
9	You woke up early.	....
10	She's got some money.	....
11	There were some people.	....
12	He wore a suit.	....
13	I had a lot of time.	....
14	He plays the guitar.	....
15	He put it off.	....

E Past simple or continuous ? — Setzen Sie die Formen ein.

1 I (sit) .... in the garden when I (hear) .... the phone ring.

2 Jimmy (do) .... his homework while Mary (make) .... dinner.

3 When I (get) .... home, my sister (watch) .... TV and Dad (lie) .... on the sofa.

4 While we (listen) .... to Mozart, James (try) .... to fix his motorbike.

5 Susan (have) .... a shower when she suddenly (see) .... a shadow *(=Schatten)* on the curtain.

6 Lots of people (wait) .... at the station when the monster (get) .... there. They all (run) .... away in terror.

F Story sequences — Setzen Sie die Verben in die richtige Form der Vergangenheit und verbinden Sie die Sätze mit den Konjunktionen *when* oder *while*.

1 The burglars (pack) .... their bags with money .... the alarm system (go) .... off.

2 The boss (be) .... very surprised .... she (hear) .... that we (work) .... like crazy at this time of day. She came over to our office and (bring) .... us some coffee.

3 We (cook) .... spaghetti in the kitchen .... Mother (watch) .... her favourite TV serial.

4 He (try) .... to pick the very last apple from the tree .... he (fall) .... off the ladder. He was very lucky though and (not break) .... anything.

5 I (go) .... to the pub. At the time .... I (arrive) .... there, everybody (play) .... darts, so I first (get) .... myself a half pint of lager. I (sit) .... on a bar stool watching the game .... I suddenly (see) .... Janet.

6 .... Susan (make) .... tea in the kitchen, David (repair) .... the car in the garage.

7 .... I (lie) .... in bed ready to fall asleep,
I (hear) .... a strange noise down in the kitchen.

8 I probably (lose) .... the car key I
(take) .... off my coat in the pub.

9 He (have) .... a nightcap (*Schlummerbecher*) in the bar across the street,
then he (go) .... home. He (fall) .... asleep ....
he (watch) .... TV.
Later he (dream) .... about a trip through the Sahara desert .... he
suddenly (wake) .... up and (notice) .... that some
heavy smoke (come) .... from the kitchen.

G Translation — Bitte übersetzen Sie.

1	Ich wurde 1977 in Zürich geboren.	....
2	Ich bin nicht um 10 Uhr nach Hause gegangen.	....
3	Meine Eltern zogen vor drei Jahren nach Bern.	....
4	Christoph Kolumbus hat 1492 nicht Indien entdeckt.	....
5	Sie waren gestern abend nicht zu Hause.	....
6	Wann ist er weggegangen (nicht '~~go~~')?	....
7	Sie wurden 1979 und 1981 in Genf geboren.	....
8	Wir blieben zwei Monate lang dort.	....
9	Sie fühlte sich schlecht vor der Reise.	....
10	Freust du dich nicht auf die Party?	....
11	Sie können nicht hineingehen während der Show. Sie müssen auf die Pause warten.	....
12	Ist er gut im Babysitten? — Ja, und er kümmert sich gerne um kleine Kinder.	....

H Translation — Bitte übersetzen Sie.

1 Ich nahm gerade ein Bad, ...
als du anriefst. ....

2 Was machtest du um 8 Uhr? ....

3 Ich war am Kochen, ...
während die Toni fernsah. ....

4 Sie spazierte die Strasse hinunter, ...
als sie plötzlich einen Lärm hörte. ....

5 Susan arbeitete, ...
während Jane am Strand lag. ....

6 Als die Glocke (*bell*) läutete, ...
war ich an den Hausaufgaben. ....

7 Ich hörte dich um 6 Uhr nicht, ...
weil ich am Rasenmähen war. ....

8 Jim war am Französisch Lernen, ...
während Max Fussball spielte. ....

9 Some, any and compounds — Some, any + Zusammensetzungen

Im Deutschen steht bei unbestimmten Mengenangaben kein Artikel. Im Englischen dagegen steht manchmal *some* und manchmal *any*.

Die Wörter *some* und *any* werden unterschiedlich gebraucht:
Some drückt ein eher sicheres Gefühl aus, der Sprecher meint etwas Bestimmtes.
Any vermittelt ein eher unsicheres, unbestimmtes Gefühl oder die Idee, dass es nicht darauf ankommt.

a some / any

some	+ **Bejahte Sätze** *There's some cream in the fridge*	**Angebote** *Would you like some milk?* **Bitten** *Can I have some coffee please?*
any	— **Verneinte Sätze** *They haven't got any wine.*	**?** **Allgemeine Fragen** *Is there any cake left?*

→ Benützen Sie in Fragen auch immer *some*, wenn Sie annehmen, dass die Antwort *ja* heisst.

Don't you have some friends in the USA? Thump! — Did you hear something, too?	Du hast doch Freunde in den USA? Bumm! — Hast du auch etwas gehört?

b Zusammensetzungen und Verneinungen

Zusammensetzungen von *some* und *any* werden nach den obigen Regeln gebraucht.

some	any	(welche, einige)	—	none	keine/r etc.
something	anything	etwas	—	nothing	nichts
somewhere	anywhere	irgendwo	—	nowhere	nirgends
someone	anyone	jemand	—	no-one	niemand
somebody	anybody	jemand	—	Nobody	niemand

→ Anstelle von *I saw nobody* sagt man meist *I didn't see anybody*.
Nobody wird eher am Satzanfang benützt (*Nobody informed the boss*) oder in Kurzantworten (*Who did you meet? — Nobody*). Das gilt auch für die anderen Zusammensetzungen.

10 Much, many, a lot, a few, a little — Viel und wenig

a Zählbar oder unzählbar?

Es gibt Nomen, die eine **unzählbare allgemeine Menge** angeben (*uncountable nouns*), zum Beispiel *water, cheese, fruit*.
Bei diesen sagt man *much* (viel) und *little* (wenig).

Daneben gibt es Nomen, die man **zählen** kann (*countable nouns*), wie *apple/s, child/ren*.
Für diese braucht man *many* (viele) und *few* (wenige).

Die Wörter *much* und *many* werden eher in der Frageform und der verneinten Form eingesetzt. In normalen Aussagesätzen steht für beide meist *a lot (of)*.

b Ausnahmen Einzahl — Mehrzahl

Die Zahl von gewissen Wörtern ist nicht immer offensichtlich. Einige sind in der einen Sprache zählbar, in der anderen nicht. Die folgenden Wörter sind eine häufige Fehlerquelle.

There were many people. (Kein –*s*)	Es waren viele Leute da.
I didn't hear much news.	Ich vernahm nicht viele Neuigkeiten.
£10 **is** not much money.	Zehn Pfund sind nicht viel Geld.
5 hours **is** not much for this job.	5 Stunden sind nicht viel für diese Arbeit.

➜ *Die Zeitdauer und Geldmengen haben im Englischen immer ein Verb in der Einzahl.*

c Übersicht Mengenangaben

Positiver Bereich	**Unzählbar**	**Zählbar**	
am meisten	most	most	am meisten
mehr	more	more	mehr
viel_	a lot (of)	a lot (of)	viel**e**
nicht viel_	not much	not many	nicht viel**e**
wenig_	little	few	wenig**e**
weniger	less	fewer	weniger
am wenigsten	least	fewest	am wenigsten
Negativer Bereich	**Unzählbar**	**Zählbar**	

11 Use of articles — Verwendung der Artikel

➜ Bevor Sie sich in dieses detaillierte Kapitel vertiefen, ist es vielleicht empfehlenswert, die Übung G zu lösen. Finden Sie heraus, wo Ihnen Fehler unterlaufen, und gehen Sie dann zum entsprechenden Artikel in der Grammatik zurück.
Streichen Sie sich dort die Stichworte deutlich an und lernen Sie diese Regeln.
So vermeiden Sie überflüssige Arbeit bei diesem aufwendigen Thema.
Sehen Sie sich auf jeden Fall C 2, C 3 und C 4 gut an.

a Der unbestimmte Artikel *a, an*

1 Er steht in der Einzahl bei allen **Berufsbezeichnungen**

She's an insurance agent.	Sie ist Versicherungsagentin.

2 Er wird mit **Mengenangaben** verwendet wie

a pair of jeans a number of people a couple of days	ein Paar Hosen einige Leute ein paar Tage	a dozen **a** hundred **a** thousand	ein Dutzend _ Hundert _ Tausend

3 Er bedeutet *pro, jede, die* — bei **Häufigkeitsangaben, Geschwindigkeiten** etc.

twice a week a hundred miles an hour	Zweimal die Woche 160 Stundenkilometer

4 Er wird bei **Ausrufen** mit *What* und zählbaren Wörtern verwendet

What a wonderful day! What an ugly building! What a pity!	Was für ein herrlicher Tag! Welch' hässliches Gebäude! Wie schade!

➜ Bei unzählbaren Wörtern steht kein Artikel: *What lovely weather! What clear water!*

Im übrigen wird der unbestimmte Artikel ähnlich wie im Deutschen verwendet.

b Der bestimmte Artikel *the*

1 Er wird verwendet, wenn wir etwas **Bestimmtes** meinen — nicht allgemein, sondern konkret.

The wine is too cold. Let's go out. The TV programme is horrible.	Der Wein (den wir jetzt trinken) ist zu kalt. Gehen wir doch aus. Das Fernsehprogramm ist (heute) schrecklich.

2 Der bestimmte Artikel steht — wie im Deutschen — **bei Zeitungsnamen, Flüssen, Hotels, Restaurants, Theatern, Museen**, wenn es von etwas nur eines gibt.

The President reads *the Washington Post.*	Der Präsident liest die Washington Post.
The Hudson flows through New York.	Der Hudson fliesst durch New York.
The Ritz is an elegant hotel.	Das Ritz ist ein vornehmes Hotel.

3 Er steht ebenfalls bei **Superlativen**, die ja auch etwas Einzigartiges bezeichnen.

You're simply *the best.*	Du bist einfach der/die beste.
Who's *the worst* learner in your class?	Wer ist der/die schwächste Lernende in deiner Klasse?

c Kein Artikel

1 Kein Artikel steht, wenn die Dinge **allgemein** gemeint sind.

Is *accommodation* included?	Ist die Unterkunft inbegriffen?
Chinese food is expensive in Switzerland	Chinesisches Essen ist in der Schweiz teuer.
Do you like *tomatoes*?	Magst du Tomaten?

2 **Kein** Artikel steht im Gegensatz zum Deutschen **bei Ländern, Strassen, Bergen, Bahnhöfen, Zeitschriften**.

Switzerland is a very small country.	Die Schweiz ist ein sehr kleines Land.
Just walk down *Bahnhofstrasse*	Gehen Sie nur die Bahnhofstrasse hinunter
and turn right at *Paradeplatz.*	und biegen Sie beim Paradeplatz rechts ab.
Everest is the highest mountain.	Der Everest ist der höchste Berg.
Where's *Waterloo Station*?	Wo ist der Waterloo Bahnhof?
Do you read *Time*?	Lesen Sie das *Time*?

➜ *Gleich wie im Deutschen steht kein Artikel bei Sprachen, Städten, Flughäfen.*

3 **Kein** Artikel steht **im Gegensatz zum Deutschen** bei den **Mahlzeiten**.

Let's go and have *lunch.*	Gehen wir doch zum Mittagessen!
What's for *dinner*?	Was gibt's zum Abendessen?

4 **Kein** Artikel steht bei gewissen Ausdrücken, welche mit Orten und Transportmitteln zu tun haben. Diese Ausdrücke haben allgemeinen Charakter, es geht nicht um eine konkrete, spezifische Sache.

at home	zu Hause
in bed / to bed	im Bett / ins Bett
at work / to work	bei der Arbeit / zur ~
at school / to school	in der Schule / zur ~
in hospital	im Spital

by bus	mit dem Bus
by car	mit dem Auto / Wagen
by plane	mit dem Flugzeug
by train	mit dem Zug
on foot	zu Fuss

➜ Aber der bestimmte Artikel steht dann, wenn etwas Bestimmtes gemeint ist:

(Eine Person erzählt über das Ferienhotel:)	
The dinner was horrible, but **the** other food was okay.	Das Abendessen war schrecklich, aber das andere Essen war in Ordnung.
Peter works at the hospital now.	Peter arbeitet jetzt im (örtlichen) Spital.

12 Can I ... ? Could you ... ? Höfliche Bitten mit *Can* und *Could*

Die Modalverben *can* und *could* werden häufig für Bitten verwendet.

Can you pass the potatoes, please?	Reichst du mir bitte mal die Kartoffeln?
Can we watch TV tonight?	Können wir heute abend fernsehen?

Die Variante *Can + Grundform* ist die ungezwungenere Variante.

Could you send us some leaflets, please?	Könnten Sie uns bitte Prospekte schicken?
Could I speak to the boss, please?	Könnte ich bitte den Chef sprechen?

Could + Grundform ist die formelle und sehr höfliche Sprechform.

➜ Bitten werden sehr häufig mit dem **Zauberwort** ***please*** abgeschlossen.

13 Spontaneous 'll for offers — Kurzform *'ll* für spontane Hilfe

In unerwarteten Situationen wird die Kurzform *'ll* (von *will*) oft für spontane Hilfeangebote verwendet. In andern Sprachen wird dafür meist die Gegenwartsform benützt. Im Deutschen nehmen wir häufig das Adverb *gerne* zu Hilfe.

Beispiele

I'll type the letter for you. She'll drive you to the airport. We'll do the washing-up.	Ich tippe Ihnen gerne den Brief. Sie bringt Sie gerne zum Flughafen. Wir erledigen gern den Abwasch.

➜ In diesen Situationen wird das Wort *will* immer abgekürzt mit *'ll.*

14 Plural of nouns — Mehrzahl der Nomen

Im Normalfall wird die Mehrzahl durch Anhängen von *–s* gebildet. Es gibt dabei ein paar Sprech- und Schreibregeln.

a Allgemeine Fälle

word	words	Normalerweise *–s* anhängen
glass	glasses	Nach Zischlauten (*s x sh ch*) heisst die Endung *–es* [-ɪz]
baby	babies	*y+s* wird nach Konsonant zu *–ies*
tray	trays	*y+s* bleibt nach Vokal

b Wörter auf –o

potato	potatoes	Wenige 'alte' Wörter auf *–o* bekommen die Mehrzahlendung *–es*
piano	pianos	Neuere Fremdwörter mit Endung *–o* bekommen nur ein *–s*
photo	photos	Moderne Wörter mit Endung *–o* bekommen nur ein *–s*

c Wichtige Ausnahmen

man	men	foot	feet	mouse	mice
woman	women	tooth	teeth	louse	lice
child	children	goose	geese	ox	oxen

d Paare – Was immer aus zwei Teilen besteht, ist in der Mehrzahl.

trousers	Hose	scissors	Schere	glasses	Brille
pyjamas	Pyjama	pliers	Flachzange	binoculars	Feldstecher
pants	Hose				

➜ *Zwei Scheren* heisst dann *two pairs of scissors*, zwei Hosen *two pairs of jeans* etc.

A Singular or Plural? — Schreiben Sie S, falls das Wort immer Singular ist, und P, wenn es immer ein Pluralwort ist. Schreiben Sie die deutsche Übersetzung neben die Wörter.

1	knowledge	S	Kenntnisse	9	girl	....	....
2	furniture	....	....	10	news	....	....
3	police	....	....	11	boys	....	....
4	cars	....	....	12	clothes	....	....
5	jeans	....	....	13	luggage	....	....
6	advice	....	....	14	mathematics	....	....
7	piano	....	....	15	scissors	....	....
8	tomatoes	....	....	16	information	....	....

B Tricky plural forms — Bilden Sie die Mehrzahlformen.

1	dish	....	7	motorbike	....
2	fly	....	8	radio	....
3	child	....	9	ashtray	....
4	biro	....	10	tooth	....
5	bus	....	11	woman	....
6	mouse	....	12	potato	....

C *some, any, a, an* — Setzen Sie das richtige ein. Zwei Lücken bleiben leer.
Schlagen Sie Wörter, die Sie nicht verstehen, nach.
Am besten schreiben Sie sich diese Wörter auf Kärtchen für Ihre Lernkartei.

1 There's .... tea left, but I can't see .... cream in the fridge.

2 Would you like .... bread or .... little butter ?

3 Do you have .... sisters ? — No, but I have .... older brother.

4 Can I have .... cake please ? — Not now, but after .... lunch.

5 Don't worry. I have .... cash with me, and .... cheque too.

6 Is there .... champagne left? — No, and there isn't .... beer, either.

7 Could you buy .... fresh mushrooms and .... onion, please ?

8 Can I have .... chicken, please, and .... pound of .... pork ?

9 Sorry, we haven't got .... fresh seafood. There's only .... frozen shrimp.

10 Could you pass me .... peas and carrots?

11 There isn't .... dessert, but we have .... cheese and .... pears.

12 Would you like .... pineapple?

D *Some, any* etc. — Setzen Sie *some, any* oder Zusammensetzungen ein.

1 Does .... here understand Finnish by .... chance ?

2 Let's not stay at home, let's go ....

3 Well, I'm sorry but I don't have .... to eat.

4 That lady over there is .... I know.

5 Cigarettes ? - No, we haven't got ....

6 Shall I buy .... stamps for you at the post office ?

7 I won't have to pay for .... - it's a business lunch.

8 .... makes me think you don't believe me.

9 What was that? Haven't you heard .... too?

10 She's got her doubts. She'll hardly believe .... you say.

11 Will you please remember to buy .... orange-juice.

12 Look at that! Didn't we see .... of these pictures in Chicago last year ?

13 Will you please buy .... milk ?

14 .... in your look tells me you're not quite happy.

15 You don't have .... children, do you ?

16 Could you bring me .... water, please ?

17 Don't ask them! They've hardly got .... money at all.

18 What's this over here? Have you got .... good videos again ?

19 Dictionaries? - No, we haven't got ....

20 I'm afraid I don't have .... good to eat in the fridge.

21 Could .... help me with the dishes, please ?

22 Let's do .... wild this afternoon!

23 Gee! This fog! I can hardly see ....

24 .... should go and help Jim in the kitchen.

25 Speak up - I can't understand .... you say.

26 He doesn't want .... presents.

E *Much, many* or *a lot (of)* — Setzen Sie den besten Ausdruck ein.

1 How .... money have you got ?

2 We don't need .... eggs, but we need .... of cream.

3 How .... music can you listen to? — Never enough.

4 I'm getting out of here. There are too .... people.

5 How .... sugar would you like ? — ....

6 There's not .... news in this paper here.

7 Yes, there are so .... people here that I doubt if we have enough wine.

8 I'm afraid I see too .... problems with this plan.

9 How .... coffee do you want ? — ....

10 There's not .... fruit in the fridge.

11 I didn't get .... information from him, but I got .... from her.

12 We won't need .... money for this project.

13 How .... work do we have to do? — Not ....

14 Don't cry over your boyfriend. There are so .... fish in the sea!

F *Little, a little, few* or *a few* ? — Setzen Sie das beste ein.

➜ ***Mit a*** *tönen die Aussagen eher nach* ***genug****, d.h. positiv,* ***ohne a*** *tönt es nach* ***sehr wenig****.*

1 How many mistakes have you got ? - Only ....

2 Don't worry. I've got .... money with me.

3 He drank .... cups of tea, then he left.

4 Sorry, I have very .... juice left.

5 Let's go to the shop and rent .... videos.

6 There's .... cake left. Help yourself.

7 Make it short. The boss has very .... time now.

8 Why don’t we go and get .... bottles of champagne ?

9 There’s .... food in the fridge. Help yourself.

10 The show was boring, and there were only .... attractions.

11 No problem - they speak .... English.

12 We had a great time and she told me .... interesting things.

G *a, the* or nothing? — Setzen Sie einen Artikel ein oder lassen Sie die Lücke leer.

1 .... French isn't easy, and .... English is getting more difficult, too.

2 I really like .... Chinese food.

3 Do you go to .... school by .... bus?

4 If I miss .... bus, I can always take .... bike.

5 Could you tell me .... way to .... Victoria Station please?

6 I'm okay at .... mathematics, but I'm doing badly at .... history.

7 Do you have .... sandwich with .... cheese?

8 .... Scotch whisky is not made from .... grapes.

9 Let's go to .... theatre — or do you want to go to .... disco again?

10 Can I have my drink with .... ice ?

11 .... American teenage boys eat a lot of .... junk food.

12 .... Rigi has a reputation for .... weddings in .... Japan.

13 .... German is .... very difficult language.

14 .... Chicago O'Hare is .... one of .... busiest airports in .... U.S.

15 You can get .... Time Magazine at .... kiosk in .... Pitt Street.

16 She's .... photographer. — Ah, what .... interesting job!

17 Last night we had .... dinner at .... Golden Dragon, you know, in .... Long Street, but .... Chinese dinner Chris cooked .... last week was .... much better.

H Translation — Bitte übersetzen Sie.

1 Ich habe viel einzupacken: ....
2 Paar gute Hosen, 3 weisse Hemden, ...
ein paar Krawatten, einen Veston, ...
Socken, Schuhe ... .

2 Vergiss' den Regenmantel nicht! ....

3 Hast du viel Gepäck? ....

4 Nein. Nur eine Tasche mit meinem ....
Pyjama, dem Minirock, ...
und Strumpfhosen. ....
Ich ziehe die gelbe Bluse an, ...
eine kurze Hose und die Stiefel. ....

I Translation — Bitte übersetzen Sie.

1 Möchtest du Gurkensalat ? ....

2 Könntest du Kirschen kaufen ? ....

3 Kann ich etwas Kuchen haben ? ....

4 Zum Abendessen? Super. ....
Ich bringe gerne Weisswein. ....

5 Ein französisches Rezept? Kein Problem ....
Ich übersetze es gerne für dich. ....

6 Wie ist es mit den Kartoffeln? — ....
Ich schäle sie gerne. ....

7 Wo ist die Schere? — ....
Ich benütze sie, um den Knoblauch ....
zu schälen. ....
Ich konnte kein Messer finden. ....

8 Ist jetzt alles in Ordnung ? — ....
Mehr oder weniger, ja. ....

15 Verb patterns (1) — Verbkonstruktionen (1)

Es gibt verschiedene Möglichkeiten, ein zweites Verb an ein Vollverb anzuhängen.
Im Deutschen wird ein zweites Verb meist in der Grundform mit dem Bindewort *zu* an das erste geknüpft: *Er beschloss, weniger* ***zu rauchen***.

Im Englischen gibt es diese Möglichkeit auch: *I hope* ***to see*** *you soon.*
Viele Verben benützen aber das Verbalsubstantiv (Verb mit *–ing*): *She likes* ***swimming***.

16 to + infinitive — to + Grundform

Dieses Muster ist uns vom Deutschen her wohl bekannt und verursacht denn auch meist wenig Probleme:

a Häufige Verben mit to + Grundform

They	**decided**	*to go* out.	Sie beschlossen, auszugehen.
She	**promised**	*to help* us with the work.	Sie versprach, uns bei der Arbeit zu helfen.
He	**helped**	us *to do* the washing-up.	Er half uns, den Abwasch zu machen.
I	**want**	*to buy* a motorbike.	Ich will ein Motorrad kaufen.
We	**hope**	*to hear* from you.	Wir hoffen, von Ihnen zu hören.

b Ausdrücke mit *would* für jetzige konkrete Wünsche

→ 17 c.

She	**'d like**	*to kiss* you.	Sie möchte dich küssen.
He	**'d love**	*to dance* with you.	Er würde sehr gern mit dir tanzen.
They	**'d prefer**	*to leave.*	Sie würden lieber gehen.

c Nicht vergessen — in der Zukunft daran denken

→ 17 d.

Please	**remember**	*to call* me.	Bitte denk' daran, mich anzurufen!
Don't	**forget**	*to bring* some CDs.	Vergiss' nicht, ein paar CDs zu bringen.

d Die meisten Adjektive binden das Verb mit *to* + Grundform

It's	**nice**	*to be* with you.	Es ist schön, bei euch zu sein.
It's	**easy**	*to say* that.	Das kann man leicht sagen.
That's	**hard**	*to tell.*	Das ist schwer zu sagen.

17 Gerunds — Konstruktionen mit der –ing-Form

Viele der häufigsten Verben binden weitere Verben in der *–ing*-Form an. Da es diese Struktur im Deutschen nicht gibt, müssen wir uns solche Verben gut einprägen.

a Mit etwas aufhören

Please	**stop**	working. It's late.	Hör' auf zu arbeiten. Es ist schon spät.
He	**gave up**	smoking in May.	Er hat im Mai mit dem Rauchen aufgehört.

b Etwas weiterhin tun

Please	**keep**	moving.	Bitte bewege dich weiter.
She can	**go on**	talking forever.	Sie kann ewig weiterreden.

c Allgemeine Vorliebe und Ablehnung

→ mit *would* : 16 b.

She	**likes**	driving fast.	Sie fährt gern schnell.
He	**loves**	reading.	Er liest sehr gerne.
We	**enjoy**	hiking.	Wir geniessen es, zu wandern.
Skiing? I	**prefer**	Snowboarding.	Schilaufen? Ich bevorzuge das Snowboarden.
They	**hate**	gardening.	Sie hassen Gartenarbeit.

d Erinnerung an die Vergangenheit

→ 16 c.

I'll never	**forget**	kissing her.	Ich werde nie vergessen, wie ich sie küsste.
Do you	**remember**	meeting Bill?	Erinnern Sie sich daran, dass Sie Bill trafen?

e Besonders einprägen

!	I'm **looking forward to** see**ing** you.	Ich freue mich darauf, Sie zu sehen.

18 Two options — Zwei Möglichkeiten

Diese Verben kommen ohne wesentliche Bedeutungsunterschiede mit zwei Strukturen vor:

I'll	**continue**	working / to work as a teacher.	Ich werde weiter als Lehrer arbeiten.
He	**began**	talking / to talk.	Er fing an zu reden.
It	**started**	raining / to rain.	Es begann zu regnen.

Man kann sich bei diesen Verben nach der Umgebung richten und sagt natürlich eher *It's starting to rain* als ~~*It's starting raining*~~, um die Wiederholung zu vermeiden, und eher *I'd like to continue working* als ~~*I'd like to continue to work*~~.

19 Futures — Zukunftsformen

Es gibt viele Möglichkeiten, über die Zukunft zu reden. Wir können Vermutungen äussern, über Pläne reden, Prognosen erstellen, Szenarien durchspielen und so weiter.

Betrachten Sie nur einmal die folgenden einfachen Möglichkeiten:

I'd like to see you soon.	Wunschformel mit to + Grundform
Could you call me back?	Höfliche Aufforderung

When's the next train to Geneva ? —	Jeden Tag so → *Present Simple* für Zukunft
It leaves at 8.05.	Das tut er jeden Tag. → Gewohnheit
I'm seeing the dentist tomorrow.	Es ist arrangiert → Agenda-Zukunft

Darüber hinaus gibt es zwei wichtige grammatische Möglichkeiten —
das Hilfsverb *will + Grundform* und die Struktur *to be + going to + Grundform.*

20 Will + infinitive — will + Grundform

a Die Formen von will

Aussageformen

✔	I you he she it we they	will	do it.	Ich werde es tun etc.
✘	I you he she it we they	won't (will not)	do it	Ich werde es nicht tun etc.

Frageformen

?	Will	I you he she it we they		do it?	Wirst du es tun? etc.
✘ ?	**Won't**	I you he she it we they		do it?	Wirst du es nicht tun? etc.
✘ ?	(Will	I you he she it we they	not)	do it?	Wirst du es nicht tun? etc.

b Gebrauch von will

In Unit 4 haben wir gesehen, dass die Form *'ll* oft verwendet wird, wenn wir spontan Hilfe anbieten (→ Kapitel 13).
Darüber hinaus wird *will* immer verwendet, wenn eine Person **spontan** reagiert, d.h. wenn eine unerwartete Situation eintritt und jetzt ein Entscheid gefällt wird.
Im Deutschen braucht man dafür meist die Gegenwart.

Beispiele:

Can I help you, madam? — Yes, I'll have the pizza.	Kann ich Ihnen helfen? Ja, ich nehme die Pizza.
I won't take these pants. They don't fit right. But I'll take the shirt.	Ich nehme diese Hose nicht. Sie passt nicht recht. Aber ich nehme das Hemd.
Sorry, I have to leave, but I'll see you again tomorrow.	Tut mir leid, ich muss gehen, aber ich seh' dich morgen wieder.
But it's raining. — Okay, then we won't go out.	Aber es regnet. — Gut, dann gehen wir nicht aus.
Don't worry. I'll get my daughter, and she'll type it for you.	Keine Bange! Ich hole meine Tochter, und sie wird's für dich tippen.

21 be + going to + infinitive — be + going to + Grundform

a Die Aussageform

I	**'m**				Ich werde mehr arbeiten.
you	**'re**				Du wirst mehr arbeiten.
he	**'s**				Er wird mehr arbeiten.
she	**'s**	**going to**	**work**	more.	Sie wird mehr arbeiten.
it	**'s**				Es (z.B. das Pferd) wird mehr arbeiten.
we	**'re**				Wir werden mehr arbeiten.
you	**'re**				Ihr werdet mehr arbeiten.
they	**'re**				Sie werden mehr arbeiten.

Diese Form ist ziemlich lang. Deshalb wird im Gespräch an Stelle von *going to* oft auch die Kurzvariante ['gonə] gebraucht.
In Musiktexten und informellen Texten trifft man deshalb auch auf die Schreibweise *gonna*.

b Die anderen Formen der Zukunft mit *be going to*

Die Formen werden gleich gebildet wie alle anderen Konstruktionen mit *be*.

✔	*I'm* going to smoke less.	Ich werde weniger rauchen.
✗	*You aren't* going to win this game.	Du wirst dieses Spiel nicht gewinnen.
?	*Is she* going to stay at home?	Wird sie zu Hause bleiben?
✗ ?	*Aren't they* going to come?	Werden sie nicht kommen?

c Gebrauch von be + going to + Grundform

Diese Form der Zukunft wird vor allem für **zwei Sprechabsichten** gebraucht. Entweder spricht man über **feste Pläne**, oder es ist von **Prognosen** die Rede.

1 Feste Pläne

Persönliche Absichten sind der Gesprächsgegenstand. Man hat bereits über die Zukunft nachgedacht, Entscheide oder vielleicht sogar Vorbereitungen getroffen.
Die Pläne sind vorher überlegt worden. Es handelt sich nicht um ~~spontane Reaktionen~~.

Beispiele:

I've bought this course book here because I'm going to learn Spanish.	Ich habe dieses Lehrbuch gekauft, weil ich Spanisch lernen werde.
Are you going to stay at home in summer this year?	Hast du vor, dieses Jahr im Sommer zu Hause zu bleiben?
What is he saying? Isn't he going to come to the party?	Was sagt er? Hat er nicht im Sinn, zur Party zu kommen?
We aren't going to pay more rent. We have told you we can't.	Wir werden nicht mehr Miete bezahlen. Wir haben Ihnen gesagt, dass wir es nicht können.

2 Prognosen

Oft werden aufgrund von jetzt wahrnehmbaren Anzeichen Vorhersagen oder Prognosen gemacht. Man kann eben manchmal erkennen, dass gewisse Dinge in der Zukunft fast mit Sicherheit geschehen werden. Man sieht die Entwicklung kommen.
Über solche Prognosen spricht man mit der Struktur *be going to.*

Beispiele:

Look at the sky! We're going to get some snow.	Sieh' dir den Himmel an. Es wird Schnee geben.
Yes, she told me last night. She's going to have a baby.	Ja, sie hat's mir gestern abend gesagt. Sie erwartet ein Kind.
It's freezing cold. — Yes, there's going to be ice on the roads.	Es ist eiskalt. — Ja, es wird Eis geben auf den Strassen.
They work day and night. They're going to roll in money one day.	Sie arbeiten Tag und Nacht. Sie werden eines Tages im Geld schwimmen.

22 Shall I ...? Shall we ... ?

Im heutigen Englisch wird das Wort *shall* praktisch nur noch in zwei festen Formeln gebraucht, nämlich *Shall I ...* ? und *Shall we ...* ?

a Frage mit *Shall I* + Grundform

Die Formel *Shall I ...* ? wird ① in Angeboten verwendet oder ② beim Erfragen von Anweisungen.

1	Shall I buy some French bread ?	Soll ich Pariserbrot kaufen?
	Shall I call you back later?	Soll ich dich später zurückrufen?
2	Where shall I put the flowers?	Wohin soll ich die Blumen stellen?
	What time shall I come?	Um wieviel Uhr soll ich kommen?

b Frage mit *Shall we* + Grundform

Die Formel *Shall we ...* ? wird gebraucht, wenn man Hilfe bei einem Entscheid braucht.

Shall we take the bus or the taxi?	Sollen wir den Bus oder das Taxi nehmen?
Let's go for a pizza, shall we?	Gehen wir doch eine Pizza essen, was?
How shall we pay for that?	Wie sollen wir das bezahlen?
When shall we three meet again?	Wann sollen wir drei uns wieder treffen?

A Which auxiliary verb? — Streichen Sie die unpassenden Wörter durch.

1	Do / Would you like some coffee ?	Yes, please. / No, I wouldn't.
2	Do / Would you like some sugar ?	No, thanks. / No, I wouldn't.
3	Will / Shall you help me ?	Of course. / Yes, I shall.
4	Do / Would you like your boss ?	Yes, a lot / No, I wouldn't.
5	Could / Can I help you ?	Yes, you could. / Yes, I'd like a cup of tea.
6	Do / Would you like to dance ?	No, I wouldn't / Yes, I'd love to.
7	Do you want / Will you this one ?	No, I won't. / Yes, I'll take it.
8	What / What's about these jeans ?	Yes, I buy them. / Yes, I'll buy them.

B Setzen Sie Formen von *like* oder *would like* ein — und passen Sie die Verben in Klammer an, mit *to* oder *-ing*.

1 .... you .... (come) .... for dinner? — With pleasure.

2 What about sports? .... you .... (jog) .... ? — No, it's not good for my knees. But I .... (swim) .... I go to the pool twice a week.

3 .... you .... (go) ....to the cinema tonight? — Good idea. Let's do that. I .... (try) .... the new Nicholson film.

4 .... she .... (visit) .... museums? — No, not really. But perhaps she .... (see) .... the *Andy Warhol* pop art exhibit.

5 .... they .... (go) .... skiing with us this weekend? — Yes. They don't want (stay) .... at home. And, as a rule, they ....n't .... (be) .... indoors all the time anyway.

6 .... he .... (eat) .... out? — Yes. He does. But he said that tonight he .... (cook) .... dinner at home.

7 I .... (watch) .... *the Champions' League* on Wednesday. Perhaps George will watch with me. He .... football a lot.

8 .... you .... (work) .... at the stock exchange next year? — Yes. I have always liked (trade) ....

9 .... you .... (have) .... a drink now? — No. I'm not thirsty.

10 .... Jim .... (read) .... ? — Yes. He reads a lot.

11 .... n't you .... (be) .... in New York now ? It's so dull here.

12 .... Gabriela .... (write) .... ? — Yes. She has pen pals in the U.S.

C Infinitive (with or without *to*) or gerund (*-ing*) ? — Setzen Sie die Verben ein.

1 Please don't forget .... (kaufen) some vanilla ice cream. I'd love .... (essen) some dessert tonight.

2 Don't stop .... (talk) — I love .... (hören) to the sound of your voice.

3 Beatrice just keeps .... (machen) phone calls — I wonder why she has .... (machen) them all.

4 They have given up .... (rauchen). — Really? That's hard .... (glauben).

5 It's not very difficult .... (kochen) Chinese food, and you could .... (helfen) me .... (hacken) the vegetables. I'd just hate .... (lassen) such a chance .... (gehen) by.

6 Can you .... (daran denken) .... (leeren) the letterbox while I'm gone?

7 I'm looking forward to .... (hören) from you soon.

8 He says he'll always remember .... (riechen) her perfume for the first time.

9 I enjoy .... (fahren) the bike, but I have .... (nehmen) the train to work because it's too far.

10 I hate .... (sitzen) around .... (tun) nothing. I prefer .... (arbeiten).

11 And remember .... (buchen) the tickets for the *Spice Girls'* concert.

12 She doesn't want .... (gehen) .... (schwimmen).

13 He promised .... (schicken) me a letter. — Well, if you believe that, you'll .... (glauben) anything.

14 Would you like .... (weggehen) now? — No, I'd prefer .... (bleiben) a bit longer.

D Ergänzen Sie den zweiten Satz so, dass er eine ähnliche Bedeutung hat wie der erste. Benützen Sie das gegebene Wort in unveränderter Form sowie 1 bis 4 weitere Wörter.

1 I like it when I can develop new ideas **enjoy**

I ______________________________ ideas.

2 She thinks failing her driving test would be terrible. **hate**

She would probably ______________________________ her driving test.

3 Do you realise that you should buy some coffee? **forget**

Please ______________________________ some coffee.

4 We are happy to see you soon. **forward**

We are ______________________________ you soon.

5 Finding the best words is not always easy. **hard**

It's sometimes ______________________________ best words.

6 I would be much happier if I didn't have to do it all alone. **prefer**

I'd certainly ______________________________ all alone.

7 Do you still know what it was like when you first came to this school? **remember**

Can you still ______________________________ school the first day?

E I'll do the same — Bilden Sie (zu zweit) aktuelle Handlungssätze mit *be going to* — und reagieren Sie mit *Okay, I'll ..., too* oder *Okay, I won't ..., either (auch nicht).*

Beispiel: Andy-not watch-TV. > *Andy is not going to watch TV.*
Okay, I won't watch TV, either.

1 Our neighbours-buy-a new car. *Our neighbours are going* .... *a new car.*
Okay, I'll .... *, too.*

2 The manager-not work-today. *The manager* .... *today.*
Okay, I won't .... *, either.*

3 I-not drink-this week. *I* ....
....

4 John-offer-me a job. ....
....

5 I-not stay-long. ....
....

6 Melanie-study-English. ....
....

7 The Times-mention-my book. ....
....

8 Quick Ltd-remit-the money today. ....
....

F *will* or *be going to* ? — Setzen Sie ein.

1 Don't tell her or she .... tell everybody.

2 I .... smoke less. It's not good for me.

3 What about this tie ? — Great. I .... buy it.

4 Look at those cars! They .... crash!

5 Oh, dear, there's no salt! — I .... go and get some.

6 I've bought some chocolate because I .... make a mousse.

7 Can you see that colour in the sky? We .... get some snow.

8 She's bought a guitar and she .... play in underground stations.

9 Just a second! I .... open the door for you.

10 I'm afraid I'm not ready yet. — Never mind. I .... wait.

G Zukunft mit *will* oder *be going to* ? Positiv oder negativ ? Oder *Shall*?

1 Have you decided on the colours? — Yes, we .... paint this wall blue and the other walls pink.

2 .... paint the room yourself? — No, I have a friend who's a painter, and .... ask him. He .... probably do it.

3 We need to buy all these things because I .... reorganise the office.

4 He says he's fed up with most course books and he .... write his own book. — Do you think people .... buy it ? — Yes, I'm sure they ...., he can explain things well.

5 I have bought some lovely chicken, and I .... make curry for us. — Sounds great. I .... chop an onion for you.

6 Why are our clothes all over the floor? — I .... do the laundry, and I want to sort them first. — Oh, ... I help you, darling ?

7 I think this skirt doesn't really fit. — Then don't buy it. — Okay, I ....

8 Don't even start giving her your advice. She is .... listen to you anyway.

9 It .... rain again today. — Okay, so we .... go out. — Right. And we .... spend the evening playing cards instead.

10 The way things look you .... win the game. He never loses.

H Translation — Bitte übersetzen Sie.

1	Sie schreibt gerne.	....
	Sie möchte eine Stelle finden	....
	als Journalistin.	....
2	Ich geniesse es, zu kochen.	....
	Ich hoffe, eines Tages	....
	ein berühmter Koch zu sein.	....
3	Er liebt es, zu tippen.	....
	Er will nicht im Freien arbeiten.	....
4	Es ist viel Milch im Kühlschrank.	....
5	Als ich zum Bahnhof kam,	....
	wartete Alex auf mich.	....
6	Sie wohnt in Edinburgh, aber	....
	im Moment wohnt sie in London.	....
7	Möchtest du Mineralwasser ?	....

I Translation — Bitte übersetzen Sie.

1 Möchten Sie eine Nachricht hinterlassen? ....

2 Soll ich Sie später nochmals anrufen? ....

3 Er versprach, den Dessert zu bringen. ....

4 Sollen wir jetzt gehen, ...
oder sollen wir auf dich warten? ....

5 Ich freue mich darauf, Dich zu sehen. ....

6 Sollen wir kaufen oder verkaufen? — ....
Das ist schwer zu sagen. ....

J Vocabulary: Writing a holiday letter. — Vervollständigen Sie die Sätze. Jeder Strich ist ein Buchstabe.

Thu _ _ day

De _ r Brigitte

You're re_ _ ly missing somet_ _ _ _ . We're ha_ _ _ _ the time of our liv_ _ down he_ _ in Fr_ _ _ _. The hotel is super comf_ _ _ _ _ _ _, and the food is just delic_ _ _ _ . I'm not even g_ _ _ _ to ment_ _ _ the wine!

Yesterday we w_ _ t on a spect_ _ _ _ _ _ tour of an anci_ _ _ city on a rock where we had a brea_ _taking sight of the Provence! And I bo_ _ _ _ lots _ _ souvenirs.

On our lo_ _ way ba_ _ to the hotel we vis_ _ _ _ an olive farm. Bel_ _ _ _ it or not, but the_ _ is no real differ_ _ _ _ betw_ _ _ green and bl_ _ _ olives. It's on_ _ that the green on_ _ are still green, b_ _ the black ones are ripe.

And tomo_ _ _ _ we a_ _ going _ _ drive do_ _ to the sea_ _ _ _ and visit so_ _ places wh_ _ _ there are gypsies. I'm l_ _ _ _ _ _ forward to tas_ _ _ _ an oyster!

H_ _ terrib_ _ that you fell i_ _ just bef_ _ _ we le_ _ . Anyway, get w_ _ _ soon. I'_ _ ring you _ _ soon as we g_ _ back home.

Love

André

23 What ... like ? — Bitte um Beschreibung mit What ... like?

Mit dem Fragewort *What* und dem Schlusswort *like?* werden Fragen formuliert, die auf eine nähere Beschreibung abzielen.
Im Deutschen wird dafür das Wort *Wie* verwendet. Deshalb besteht für Englisch Lernende Verwechslungsgefahr mit dem englischen Fragewort *How* , welches verwendet wird, wenn es um die Art und Weise einer Handlung geht.
Aber bei *What ... like?* geht es um Eigenschaften.

Beispiele

What's your boss like?	Wie ist dein Chef denn so?
What's her new boyfriend like?	Was für ein Typ ist ihr neuer Freund?
What was Paris like?	Wie war's denn so in Paris?
What does the building look like?	Wie sieht das Gebäude aus?
What does it feel like?	Wie fühlt man sich dabei?

Feine Unterschiede

How *is* your brother?	Wie geht es deinem Bruder?
What *is* your brother *like*?	Wie ist denn dein Bruder so?
What *does* your brother *like*?	Was hat dein Bruder gern?
What *does* your brother *look like*?	Wie sieht dein Bruder aus?

➜ *Decken Sie die linke Seite ab und versuchen Sie zu übersetzen. Wiederholen Sie das zu einem späteren Zeitpunkt.*

24 Comparisons — Vergleichsformen

Adjektive können gesteigert werden, in den Komparativ und den Superlativ. Im Deutschen hängt man eine Endsilbe an *schnell—schneller—schnellste*, in andern Sprachen, etwa im Französischen, werden Zusatzwörter benützt *vite—plus vite—le plus vite.*
Das Englische verwendet beide Systeme, und zwar bei kurzen Wörtern eher das germanische, bei längeren Wörtern das romanische. Ferner gibt es ein paar Ausnahmen.

a Germanische Steigerung (wie deutsch)

1-silbige Adjektive	tall hot	taller hotter	tallest hottest	gross, hoch heiss
2-silbige mit *–y* Endung oder *–le*	lonely simple	lonelier simpler	loneliest simplest	einsam einfach

b Romanische Steigerung (wie etwa französisch)

Andere 2-silbige und längere Adjektive	boring popular spectacular	more boring more popular more spectacular	most boring most popular most spectacular	langweilig beliebt sensationell

c Ausnahmen

!

good bad	better worse	best worst	gut schlecht, schlimm
far	farther further	farthest furthest	weit (nur Distanz) (auch übertragener Sinn)
little a lot	less more	least most	wenig (→ Kapitel 10) viel (→ Kapitel 10)

d Vergleichswörter im Satz

Die wichtigsten Wörter bei Vergleichen sind die Konjunktionen (Bindewörter) .

1 Gleich und ungleich

It's **as** *good* **as** new. London is **not as** *big* **as** New York. Maggie's **not so** *tall* **as** Nick.	Es ist **so** *gut* **wie** neu. London ist **nicht so** *gross* **wie** New York. Maggie ist **nicht so** *gross* **wie** Nick.

➜ Die Adjektive stehen in der einfachen Form. Die Doppelkonjunktion *so ... as* kann nur in *verneinten* Sätzen verwendet werden.

2 Anders, gesteigert

Zurich is *colder* **than** Rome. My old car was *less economical* **than** the new one.	Zürich ist *kälter* **als** Rom. Mein altes Auto war *weniger sparsam* **als** mein neues.

➜ Das Bindewort nach gesteigerten Adjektiven heisst *than* (Und nicht ~~*as*~~ !!!)

25 Defining relative clauses — Definierende Bezugssätze

Relativsätze dienen meist dazu, einen Satzteil näher zu definieren. Im Englischen gibt es nur wenige Relativpronomen, im Deutschen zum Beispiel *der, die, das, welche/r, welches*. Im Französischen gibt es auch sehr viele Formen. Im Schweizerdeutschen ist nur ein einziges Relativpronomen vorhanden, nämlich *wo*.

a Personen — who whose (that)

Terry is *the lady who* talked to you.	Terry ist die Dame, die mit dir sprach.
He is going out with *a girl who* works with him.	Er geht mit einem Mädchen, die mit ihm arbeitet.
I know *a doctor that* could help you.	Ich weiss einen Doktor, der dir helfen könnte.
Is that *the woman whose* car is blocking my driveway?	Ist das die Frau, deren Auto meine Einfahrt versperrt?

➜ Das Pronomen *that* tönt bei Personen informell und umgangssprachlich.
... *whose* ist der Genitiv von *who*. Es definiert die Besitzerin oder den Besitzer.

b Sachen — which (that)

	That's *a point which* must be discussed.	Das ist ein Punkt, der diskutiert werden muss.
	Is there *something that* troubles you?	Gibt es etwas, das dich irritiert?
!	*The only place (that)* I really like is my bed.	Der einzige Ort, den ich wirklich mag, ist mein Bett.
!	It's *the best video (that)* I could get.	Es ist der beste Video, den ich kriegen konnte.

➜ Das Pronomen *which* tönt eher formell.
... *that* steht fast immer nach *all, everything, nothing, the only* und den Superlativen.

c Orte — where

Is that *the place where* we first met?	Ist das der Ort, wo wir uns zuerst trafen?
What's the name of *the hospital where* she is.	Wie heisst das Spital, wo sie ist?
The hotel where we stayed was great.	Das Hotel, in dem wir wohnten, war Klasse.

➜ In allen Beispielsätzen auf dieser Seite ist das *Subjekt* (jeweils *kursiv*) ohne den folgenden Relativsatz **nicht definiert**. Wir wissen nicht, worum es genau geht. Der **Relativsatz ist notwendig**, weil der Hauptsatz ohne den Relativsatz nicht wirklich Sinn macht. Der Relativsatz hat eine **definierende Funktion**.

➜ Diese zum Verständnis des Satzes nötigen Einschübe werden im Englischen **nicht** durch ~~**Kommas**~~ vom übergeordneten Satz abgetrennt. Wenn sie ein anderes Subjekt haben als der Hauptsatz (→**!** in b), kann das Pronomen *who / that* sogar weggelassen werden (→Kap. 32).

26 Non-defining relative clauses — Ausmalende Bezugssätze

Manchmal werden für nähere Beschreibungen Relativsätze verwendet. Sie malen einen bekannten Begriff zusätzlich aus, **ohne eine definierende** Funktion zu haben.

Beispiele

a	My brother Daniel,	Mein Bruder Daniel,
b	*who lives in Lutry,*	der in Lutry wohnt,
c	is a doctor.	ist Arzt.

a	Shakespeare,	Shakespeare,
b	*whose tragedies are known all over the world,*	dessen Tragödien weltbekannt sind,
c	wrote some beautiful love poems too.	schrieb auch schöne Liebesgedichte.

a	The Volkswagen Beetle,	Der VW Käfer,
b	*which keeps many records,*	der viele Rekorde hält,
c	is still produced in South America.	wird in Südamerika noch hergestellt.

a	Hannibal, Missouri,	Hannibal, im Staat Missouri,
b	*where Mark Twain grew up,*	wo Mark Twain aufwuchs,
c	is a small town on the Mississippi River.	ist ein kleiner Ort am Mississippi.

a Erklärung

Die **Subjekte dieser Sätze** (jeweils Zeile **a**) sind alle bereits definiert:
Es gibt nur einen Bruder Daniel (von dieser Person), nur einen (berühmten) Shakespeare, nur einen Typ Volkswagen namens Käfer, nur eine Ortschaft Hannibal in Missouri.

Deshalb hat der folgende **Relativsatz** (jeweils Zeile **b**, kursiv) **keine** definierende Funktion mehr, er dient nur zum *Ausmalen* oder *näheren Beschreiben* des bekannten Begriffs.

b Regel

➜ Wie man sieht, stehen in solchen ausmalenden Sätzen dieselben Pronomen wie in definierenden (→Kapitel 25), mit Ausnahme des Pronomens ~~*that*~~. Dieses darf nicht gebraucht werden.

➜ Dagegen werden, wie im Deutschen, vor und nach dem Satz Kommas gesetzt.

A Directions — Finden Sie die richtigen Wörter? Ein Strich ist ein Buchstabe.

1 Walk _ _w_ the hall — _ _ the escalator at the back, go _ _ one floor, walk _ _t / _ _ the station and turn _ _ _t into the main road.

2 Just drive _lo_ _ this road _ _t_ _ you get to the park. Drive _ _e_ the little bridge, _ _t_ the park. Erm ... yes, you can actually drive _ _ _o_ _ _ the park. As you leave the park _ _ the other side, drive straight _ _ _ _s_ the railway line, and you'll see it right _ _ / _ _o_ _ / _ _ you.

3 It's _ _ _ _ _ _ _ down than the church and the cinema, so go _as_ the church and turn _ _g_ _. Then pass _ _de_ the flyover and you'll see it _ _ your _ _f_ . It's directly _ _ _ _si_ _ the zoo.

4 Is there a kiosk _ _ _ _ here? — Yes, there's one just _ _ _ _n_ the corner.

B *How?* and *What like?* — Ordnen Sie den Fragen die Antworten zu.

1	What's your girlfriend like?	____	He's short and has black hair.
2	How is your sister?	____	I think he's getting better, thanks.
3	What's your sister like?	____	Oh, she just loves computers.
4	What's your new boss like?	1	She's just a dream!
5	What does your sister like?	____	Oh, she's a quiet and cheerful girl.
6	What does your boss look like?	____	He's friendly and relaxed.
7	How's your boss?	____	She's very well, thank you.

C *Faster, longer, higher* — Setzen Sie die englischen Steigerungsformen ein.

1	hässlicher	____	8	ruhiger	____
2	schlechter	____	9	heisser	____
3	langweiliger	____	10	weiter	____
4	trockener	____	11	spannender	____
5	hübscher	____	12	geiziger	____
6	besser	____	13	nasser	____
7	geschäftiger	____	14	grosszügiger	____

D Say *no*! — Behaupten Sie das Gegenteil! Üben Sie zu zweit → *even* heisst hier *noch*.

1	France was hotter than Italy.	*No, I think it was even colder.*
2	Their last show was better.	*No, I think* .... *even* ....
3	She's more beautiful now.	....
4	That's cheaper than at home.	....
5	The hotel in Zurich was noisier.	....
6	The buildings in Chicago were older.	....
7	Watching football is more exciting.	....
8	Canberra is nearer.	....
9	Jim is shorter than you.	....
10	Our rivers are cleaner.	....

E Ergänzen Sie den zweiten Satz so, dass er eine ähnliche Bedeutung hat wie der erste. Benützen Sie das gegebene Wort in unveränderter Form sowie 1 bis 4 weitere Wörter.

1 Jim isn't as good as me at accounting. **than**
Jim ________________________________ me at accounting.

2 Karin is tidier than Brigitte. **not**
Brigitte ______________________________________ Karin.

3 Andy is more intelligent than most people. **as**
Andy ______________________________________ most people.

4 Jane wasn't as nervous as Sue. **than**
Jane _____________________________________ Sue.

5 I have never eaten such delicious food. **the**
This is __________________________________ have ever eaten.

6 I would like to find a bus stop very near here. **to**
Could you please tell me the way ___________________________ stop?

F Pronouns *who, which, that, whose, where* — Wählen Sie das beste Pronomen und setzen Sie die nötigen Kommas.

1 My friend George is the elder gentleman .... talked to you at the reception.

2 The new advertising campaign is a point .... must be discussed at the meeting.

3 It's the best music .... I could get.

4 My sister Lana .... lives near Basle is a teacher.

5 She is going out with a clerk .... works with her.

6 Is that the cinema .... we first met? It looks completely changed.

7 I know a therapist .... could help you.

8 The film *Titanic* .... received most Oscars in 1998 made many people cry.

9 Can you see something .... I should see too?

10 What's the postal code of the town .... she lives?

11 Pittsburgh .... the film was made is a beautiful city on the Ohio River.

12 The only hobby .... I really enjoy is cooking.

13 The little town in the Piedmont .... we bought this wine is unbelievably picturesque.

14 Jack Nicholson .... latest film was *As good as it gets* is one of my favourite actors.

G Translation — Bitte übersetzen Sie.

1 Was ist weiter weg, Paris oder Reims?	....
— Reims ist etwas näher.	....
Und es ist weniger teuer.	....
2 Könnten Sie mir bitte sagen,	....
wo die nächste Poststelle ist ?	....
3 Es hat nicht so viele Leute wie gestern.	....
— Ja, es sind viel weniger	....
als gewöhnlich.	....
4 Wie waren die Kellner im Hotel? —	....
Viel schlechter als vor zwei Jahren.	....
5 Das ist das beste Auto, das ich kenne.	....
— Ja, es ist noch bequemer als unseres.	....
6 Sie hat die beste Uhr gekauft,	....
die im Schaufenster war.	....
Sie ist noch teurer als meine.	....
7 J. F. Cooper, dessen Buch	....
Lederstrumpf sehr beliebt ist, erschuf	....
die Figur des einsamen Cowboys.	....

27 Present Perfect Simple Tense — Einfache Vorgegenwart

Das *Present Perfect* hat — wie der Name sagt — einen Bezug zur Gegenwart und unterscheidet sich dadurch vom *Past Tense* (→Kapitel 7). Das *Present Perfect* gehört zur Situation von hier und heute, die Vergangenheit gehört zum Geschichten erzählen.

Das Bilden der Form ist einfach: Sie besteht aus zwei Teilen, nämlich aus dem Hilfsverb *have / has* und dem Partizip Perfekt, d.h. der dritten Form des Verbs.

Dass nur das Hilfsverb *have / has* in Frage kommt, erleichtert das Lernen. Im Deutschen und Französischen zum Beispiel muss man sich zusätzlich einprägen, welche Verben mit *sein / être* und welche mit *haben / avoir* gebraucht werden.

Es heisst also:

She *has* just left.	Sie *ist* gerade weggegangen.
He *has* never been to Madrid.	Er *ist* noch nie in Madrid gewesen.
They *haven't* arrived yet.	Sie *sind* noch nicht eingetroffen.

Das Partizip Perfekt der regelmässigen Verben wird gleich gebildet wie die Vergangenheitsform, nämlich indem man *–(e)d* an die Grundform anhängt.
(→Kapitel 7a, zur Verdoppelung der Konsonanten Kapitel 4 b, Absatz 3 und 4).

Bei den unregelmässigen Verben müssen wir eine dritte Form lernen wie etwa *tun - tat - getan* ⇨ *do - did - done.* (→ Liste der Verben hinten im Buch).

a Construction — Bildung der Form

Es gibt zwei Formen des Hilfsverbs: *have* und *has*.

	Subjekt	Hilfsverb	Partizip	
✔	I / you / we / they He / she / it	have has	arrived. paid	 the bill.
✗	I / you / we / they He / she / it	haven't hasn't	been done	shopping yet. much work.

	Hilfsverb	Subjekt	Partizip	
?	Have Has	I / you / we / they he / she / it	seen come?	that film yet?
✗ ?	Haven't Hasn't	I / you / we / they he / she / it	told gone	that joke before? to the meeting?

➜ *Achtung bei den Kurzformen in der dritten Person:*

She's happy. She *is* happy. (=Sie ist glücklich.)

He's left. He *has* left. (=Er ist gegangen.)

b Present Perfect Use — Gebrauch der Vorgegenwart

1 Die Vorgegenwart bezeichnet schon vor der jetzigen Zeit abgeschlossene Handlungen, die aber ☞ Auswirkungen haben auf die jetzige Situation.

Have you done the washing-up?	Hast du den Abwasch erledigt? ☞ Ist die Küche jetzt aufgeräumt?
Oh dear. We've run out of coffee.	Oh je. Der Kaffee ist uns ausgegangen. ☞ Es hat keinen Kaffee mehr.
Jane has bought a car.	Jane hat ein Auto gekauft. ☞ Jane hat jetzt ein Auto.
Has the newspaper come?	Ist die Zeitung gekommen? ☞ Ist sie da? Kann ich sie lesen?
A: Can I have the paper? B: No, I haven't finished it yet.	Kann ich die Zeitung haben? Nein. Ich bin noch nicht fertig damit. ☞ Du kannst sie nicht haben.
They have **gone** for lunch.	Sie sind zum Mittagessen gegangen. ☞ Sie sind jetzt nicht hier.
Have you **been** to the baker's to get some croissants ?	Bist Du beim Bäcker gewesen um Kipferl zu holen? ☞ Vielleicht können wir jetzt frühstücken.

➜ *Beachten Sie den Unterschied in den letzten zwei Beispielen:*

been ⇨ wieder zurück, dagegen **gone** ⇨ immer noch weg.

2 Die Vorgegenwart wird häufig mit Zeitadverbien gebraucht, die auf die Gegenwart hinweisen, wie etwa *ever, never, already, yet, just, lately, so far* etc. (Signalwörter für Vorgegenwart).

I'm afraid Jim *has* **just** *left*.	Leider ist Jim **eben** weggegangen.
Have you **ever** *been to* Africa?	Bist du **schon mal** in Afrika gewesen?
I *haven't seen* much of you **lately**.	Ich habe **in letzter Zeit** nicht viel von dir gesehen.
Have you *done* the job **yet?**	Hast du die Arbeit **schon** erledigt?
Well, I'*ve* **already** *typed* the letters, but I *have***n't** *run* the copies **yet**.	Nun, ich habe die Briefe **schon** getippt, aber ich habe die Kopien **noch nicht** gemacht.

➜ Unterschiedliche englische Wörter für das deutsche *schon*!

3 Die Vorgegenwart bezeichnet Zustände und Handlungen, die in der Vergangenheit begonnen haben und bis jetzt andauern, also noch nicht abgeschlossen sind.
Das Hauptproblem für Deutschsprachige besteht darin, dass im Deutschen hierfür fast immer die Gegenwart verwendet wird.

She's really good. And she *has only played* the piano for 2 years.	Sie ist wirklich gut. Dabei *spielt* sie *erst* seit 2 Jahren Klavier.
He's a really nice person. I've always liked him.	Er ist wirklich nett. Ich habe ihn *schon* immer gemocht.
How long *have you lived* in Switzerland?	Wie lange *wohnst du schon* in der Schweiz?
I'*ve lived* in Zurich for 8 years.	Ich *wohne* seit 8 Jahren in Zürich.
How long *has he known* Karin?	Wie lange *kennt er* Karin *schon*?
He'*s known* her since they **went** to primary school.	Er *kennt* sie *schon*, seit sie zur Primarschule gingen.

28 since and for — *since* und *for*

Im Deutschen gibt es nur das eine Wort *seit* für diese beiden Präpositionen.

Das Wort *for* steht bei einer Zeitdauer oder Zeitspanne.

for ten years	seit zehn Jahren
for ages	seit einer Ewigkeit
for months	seit Monaten

Die Präposition *since* bezeichnet den Zeitpunkt des Beginns.

since my birth	seit meiner Geburt
since 1995	seit 1995
since last month	seit letzten Monat

→ **Merken Sie sich besonders** die folgenden Sätze, in denen der 'historische' Beginn der Zeitspanne mit einem Verb in der Vergangenheit ausgedrückt wird:

I'*ve had* this car *since* I ***passed*** my driving test.	Ich habe dieses Auto schon, seit ich die Fahrprüfung machte.
She'*s lived* here *since* she ***was*** born.	Sie wohnt hier, seit sie geboren wurde.
He *hasn't driven* a car *since* he ***had*** that terrible accident.	Er ist nicht mehr Auto gefahren, seit er diesen schrecklichen Unfall hatte.
We'*ve been* perfectly happy *since* we ***moved*** here.	Wir sind absolut glücklich, seit wir hierher gezogen sind.

29 Present Perfect and Past — Vorgegenwart und Vergangenheit

① Für Geschichten braucht man im Englischen die Vergangenheitsform. Eine Geschichte ist auch alles, was durch eine Zeitbestimmung in der Vergangenheit angesiedelt wird. Vergessen Sie deshalb nie die wichtigste Regel:

Wenn der Zeitpunkt der Handlung bestimmt ist, darf die ~~Vorgegenwartsform~~ nicht gebraucht werden.

→ Deshalb muss immer die Vergangenheitsform gebraucht werden in Sätzen mit Zeitbestimmungen wie *When?*, *yesterday*, *... ago*, *last night* etc.
(→ Beispiele im Kapitel 7).

② Die Vorgegenwart zeigt einen Zusammenhang mit der Gegenwart.
Auch die englische Bezeichnung *present perfect* drückt diesen Sachverhalt aus.
(→ Kap. 27 b1 und b2).

③ Je nachdem, ob Vorgegenwart oder Vergangenheit gebraucht wird, kann der Inhalt einer Botschaft sehr unterschiedlich sein. Die richtige Interpretation der Zeitform ist deshalb Voraussetzung zum richtigen Verständnis von Mitteilungen.

Beispiele

Vorgegenwart	Vergangenheit
The Smiths **have been** married for 25 years. (Sie **sind** seit 25 Jahren verheiratet - und sind es immer noch.)	Frank **was** married for 10 years. (Er **war** 10 Jahre lang verheiratet - und ist es nicht mehr.)
I've **had** this car for ages. (Ich **habe** dieses Auto **schon** seit einer Ewigkeit - und ich habe es immer noch.)	I **had** that car for 12 years. (Ich **hatte** das Auto 12 Jahre lang - aber jetzt habe ich es nicht mehr.)

Paul McCartney **has written** some amazing songs. (Paul McCartney hat ein paar umwerfende Lieder geschrieben - und schreibt vermutlich noch weitere.)	Beethoven **wrote** a number of the most popular pieces of music. (Beethoven hat einige der beliebtesten Musikstücke geschrieben - er ist gestorben und schreibt keine mehr.)

➜ Kurzregel zum Gebrauch: Die drei logischen Fragen

Wenn wir die obigen drei Absätze verstanden haben, können wir uns im konkreten Einzelfall folgende drei Fragen in der logisch richtigen Reihenfolge stellen:

Ist der **Zeitpunkt** bekannt? — **JA** ⇨ **Vergangenheit**

NEIN

⇩

Ist ein **Signalwort** für die **Vorgegenwart** vorhanden? (→Siehe 27b2) — **JA** ⇨ **Vorgegenwart**

NEIN

⇩

Besteht ein **Bezug zur Gegenwart**? — **JA** ⇨ **Vorgegenwart**

NEIN

⇩

Vergangenheit

30 Short answers — Kurzantworten

Das typische Merkmal der englischen Kurzantworten ist, dass sie etwas länger sind als gerade ein knappes *Yes* oder *No*. Es gilt als höflicher und normaler, wenn zusätzlich das Subjekt des Satzes und das Frageverb wiederholt werden. Bei negativen Kurzantworten folgt noch ein *not*.

Frage	Kurzantwort	Mögliche Anknüpfungen
Are you hungry ?	No, I'm not.	But you can have a sandwich if you like.
Can you see anything ?	Yes, I can.	We've got good seats.
Have you got a mobile ?	Yes, I have.	Would you like my number ?
Do you like oysters ?	Yes, I do.	I love seafood. What about you ?
Haven't we met before ?	Yes, we have.	I think it was at Pat's party, wasn't it ?
Did you know that ?	No, I didn't.	Thanks for telling me.

31 Adverbs — Adverbien

Adverbien erfüllen viele Funktionen. Sie beschreiben den Ort (here) , die Zeit (now) , die Häufigkeit (often) und die Art (beautifully) einer Handlung oder eines Vorganges.
Es gibt Adverbien, die von Adjektiven abgeleitet werden (frequently) oder die nur in der Form von Adverbien vorkommen (soon).

a First-hand adverbs — Original-Adverbien

Testen Sie sich selbst. Können Sie alle diese wichtigen Wörtchen vom Deutschen ins Englische übersetzen? Decken Sie die linke Spalte ab und versuchen Sie's. Lernen Sie die neuen dazu! Lassen Sie sich von einer anderen Person abfragen.

now	jetzt
not yet	noch nicht
sometimes	manchmal
nearby	in der Nähe
twice	zweimal
together	zusammen
too	auch
soon	bald
then	damals

enough	genug
at last	endlich
even	sogar
still	immer noch
almost	fast
seldom	selten
once	einmal
at least	mindestens
quite / rather	ziemlich

b Adverbs from adjectives — Adverbien aus Adjektiven

Meist wird das Adverb mit der Endung *-ly* gebildet

immediate	immediately	das stumme (nicht hörbare) *–e* bleibt!	sofort
extreme	extremely		äusserst, extrem
faithful	faithfully	bei Endung auf *–l* gibt es zwei *ll*, also *–lly.*	treu
angry	angrily	*–y* plus *ly* gibt *–ily*	böse, ärgerlich
simple	simply	*–le* fällt vor *–ly* weg	einfach

Häufige Ausnahmen

good	well	Anderes Wort	gut
early	early	Adverb gleich Adjektiv	früh
fast	fast	Adverb gleich Adjektiv	schnell

Zwei Adverbien mit unterschiedlichen Bedeutungen

hard **!**	hard **hardly**	Bedeutung wie Adjektiv Andere Bedeutung	hart, streng **kaum, fast nicht**
late **!**	late **lately**	Bedeutung wie Adjektiv Andere Bedeutung	spät **in letzter Zeit**, kürzlich

c Use of adverbs — Gebrauch der Adverbien

Adverbien verleihen einem Text Farbe, wie das auch Adjektive tun. Sie sind deshalb unverzichtbar in Erzählungen, Personenbeschreibungen oder in der Werbung.

Zuerst sollte man lernen, Adverbien von Adjektiven zu unterscheiden. Als Leitfaden kann man sich merken, dass ein Adverb ein *Wie?-Wort* ist und ein Adjektiv ein *Was für ein?-Wort.*

Betrachten Sie das Wort *unglaublich* in den folgenden Sätzen:

Das ist eine unglaubliche Geschichte.	Das Wort *unglaubliche* ist ein Adjektiv. Es beschreibt *Geschichte.* Es ist in die weibliche Form gesetzt worden.
Das ist eine unglaublich_ spannende Geschichte.	Das Wort *unglaublich* ist ein Adverb. Es beschreibt das Adjektiv *spannende.* Es kann nicht verändert werden.

Adverbien sind in ihrer Form unveränderlich. Sie können grundsätzlich drei Wortarten näher beschreiben, nämlich Verben, Adjektive und Mittelwörter (Partizipien) sowie andere Adverbien.

Beispiele

1 **Das Adverb beschreibt das *Verb***

The sales figures have *increased* **rapidly**.	Die Verkaufszahlen sind schnell gestiegen.
Profit has *dropped* **sharply**.	Der Gewinn ist abrupt zurückgegangen.
The stock market has never *risen* so **steadily** for such a long time.	Die Börse ist noch nie so lange so konstant gestiegen.

2 **Das Adverb beschreibt ein *Adjektiv* oder *Mittelwort***

The dollar has been **very** *weak* for a month.	Der Dollar ist seit einem Monat sehr schwach.
The chemical industry is **incredibly** *productive*.	Die chemische Industrie ist unglaublich produktiv.

3 **Das Adverb beschreibt ein *Adverb***

This stock has risen **extremely** *fast*.	Diese Aktie ist extrem schnell gestiegen.
Biotech values have increased **unbelievably** *quickly*.	Biotechnologiewerte sind unglaublich schnell gestiegen.

32 Contact clauses — Relativsätze ohne Pronomen

In der englischen Sprache gibt es Relativsätze, die ohne ein Bezugswort direkt an den Hauptsatz gehängt werden können. Solche Sätze sind sehr elegant.

Beispiele

Yes, this is the best film ***we** have ever seen*.	Ja, das ist der beste Film, *den* wir je gesehen haben.
This is the most delicious meal ***I** have ever eaten*.	Das ist die geschmackvollste Mahlzeit, *die* ich je gegessen habe.
The man ***you**'ve just talked to* is the head of ABB.	Der Mann, *mit dem* du eben gesprochen hast, ist der Chef von ABB.

Regel

➜ Diese *Relativsätze* haben alle ihr eigenes ***Subjekt***.
Es handelt sich bei allen um ***notwendige***, respektive ***definierende*** Sätze.
Deshalb darf das relative Anschlusspronomen *who*, *that* oder *which* entfallen.

➜ Beachten Sie: Die Präposition steht am Schluss des Relativsatzes! (*to* im letzten Beispiel)
(→ Vergleichen Sie für alle anderen Relativsätze Kapitel 25 und 26).

Exercises Unit 7 — Übungen Lektion 7

A Verb forms — Setzen Sie die drei Verbformen ein.

0		infinitive	past tense	past participle
1	brechen	....	....	....
2	lesen	....	....	....
3	antreffen	....	....	....
4	verkaufen	....	....	....
5	braten, frittieren	....	....	....
6	gehen	....	....	....
7	(aus-)wählen	....	....	....
8	hören, erfahren	....	....	....
9	spielen	....	....	....
10	zahlen	....	....	....
11	läuten, anrufen	....	....	....
12	(sich) entwickeln	....	....	....
13	zeichnen, ziehen	....	....	....
14	schleichen	....	....	....
15	fallen	....	....	....
16	(sich) fühlen	....	....	....
17	werfen	....	....	....
18	stehlen	....	....	....

B Extreme experiences — Bilden Sie Sätze über einmalige Erlebnisse mit *have / has ever*. Sie trainieren dabei das *Present Perfect* (→Kap 27) und die *Contact Clauses* (→Kap 32). Erinnern Sie sich an die Superlative (→Kap 24) ?

0 It-good investment-we-make — *It's the best investment we've ever made.*

1 That-ugly building-I-see — *That's the* .... *building I've ever* ....

2 He-friendly person-I-meet — *He's the* ....

3 This-interesting offer-we-make ....

4 It-large company-she-work for ....

5 This-bad hotel-I-stay at ....

6 It-hard job-he-do ....

7 That-smart suit-you-wear ....

8 She-funny person-I-work with ....

9 These-bright offices-we-have ....

10 It-fast copier-I-use ....

11 This-important meeting-I-be to ....

12 That-silly problem-we-talk about ....

13 It-bad mistake-we-make ....

14 That-low price-they-pay ....

15 This-bad trip-I-be on ....

C Present perfect sentence building — Bilden Sie Sätze aus den vorgegebenen Elementen. Machen Sie Fragen bei den Fragezeichen.

0 you-the-not-letter-finish-yet ? *Haven't you finished the letter yet ?*

1 you-boss-meet-yet-the ? ....

2 just-she-arrive ....

3 already-goods-we-the-deliver ....

4 yet-bill-pay-they-not-the ? ....

5 ever-that-like-see-anything-you ? ....

6 that-long-you-business-how-know ? ....

D Which tense? — Vorgegenwart oder Vergangenheit? Setzen Sie die Verben in die richtige Form.
In ein paar Sätzen brauchen Sie das Past Continuous (→Kapitel 8).

1 (pay) .... you already .... the electricity bill? —
Yes, I (pay) .... it yesterday.

2 (be) .... he ever .... to Chicago ? Yes, he (be) .... there in 1996.

3 (hear) .... we .... from our suppliers yet ?

4 When (arrive) .... she .... ?

5 Yesterday I (type).. letters while my brothers (watch) .... TV.

6 I (see) .... you before you (hear) .... me.

7 A car? Yes, of course I have a car. — Oh, how long (have) .... you .... it ?

8 Your wife (just/try) .... to phone you. —
But I (phone) .... her just five minutes ago.

9 (enjoy) .... you .... our meeting last night? — Yes, I really ....

10 Mozart (be) .... a very talented composer. (hear) .... you ever .... his concerts for the clarinet ?

11 (do) .... you already .... the bills? — Yes, I .... them before lunch.

12 Emergency ? Hello! There (be) .... an accident!

13 When (transfer) .... you .... the money ? — I (remit) .... it on May 31. Why ? (credit) .... your bank not .... your account yet ?

14 She (live) .... here for two years. Then she (must) .... move home to York because she (lose) .... her job. Now she (be) .... working there for about five years.

15 He (play) .... football when I (come) ....

16 (speak) .... you .... to the boss yet ?

17 I (live) .... here since I (be) .... born.

18 (fly) .... she ever .... to Geneva ? — Yes, she (fly) .... there just yesterday.

19 How long (be) .... you .... with us now? — Well, I (begin) .... as a junior clerk in 1995, so I (be) .... with the company for nearly six years.

20 (you/be) .... in Rome last year ?

21 I think I (know) .... Andrea since before I (start) .... working in Zurich.

E *Since* or *for*? — Setzen Sie ein.

1 Nobody has sent me a thank-you note ________ ages.

2 Nobody has phoned me ________ weeks.

3 I've known them ________ they were born.

4 It's months ________ we last met.

5 I haven't heard from her ________ before winter.

6 We've had this plan ________ longer than I can remember.

7 It's years ________ we stopped smoking.

8 We haven't seen him ________ before the summer holiday.

9 I've had this bike ________ longer than you might think.

10 She hasn't heard from James ________ about five years.

F Adjective or adverb? — Übersetzen Sie das deutsche Wort in die richtige Form.

1 It was (schwierig) .... to get in touch with her, but when we met (endlich) ...., she was (besonders) .... (freundlich) ....

2 Yes, it's (sehr) .... (weit) .... away - (mindestens) .... 160 kms. But there are (gut) .... roads, or you can (leicht) .... take a train.

3 Life is (einfach) .... (zu) .... (schwer) .... ! — (Genau) .... , and I have (immer) .... told you so.

4 Don't get (nervös) .... , we're (beinahe) .... (dort) ....

5 (Zum Glück) .... the taxi fare was (nur) .... $4.50 because $5 was all I had in my wallet.

6 (Wirtschaftlich) .... , this year has been (sogar) .... (schlechter) .... than (das letzte) .... year.

7 Do you (immer noch) .... work with Telecom? — Yes. The work is (ziemlich) .... (spannend) .... , and the pay is (extrem) .... (gut) ....

G Writing a complaint : adverbs and adjectives in a formal letter. —
Beschwerde: Schreiben Sie die Adjektive und Adverbien mit 2 bis 5 Buchstaben fertig.

Dear Sir or Madam

I am writing with reference to a rec________ delivery of Sunstar S-5 Fan-Heaters which we received on Tuesday 6 June.

Unfortun________, two of the heaters are not working pro_______. It appears that they have been sligh_____ damaged during transport as the cardboard case was ba______ torn. Your insurers will possi_____ be prepa______ to cover the loss. The other one looked fi____, but when we tested it care________, there was an extre_____ noi_____ sound and its heating system did har____ seem ve_____ effect______.

I am therefore arranging for the two unusa_____ machines to be returned to you immedi______. I would be gratef____ if you could send us two n____ heaters as so____ as pos______, as the co___ season is approaching fa____ and we are expecting a stro_____ demand for fan-heaters this month.

I look forward to hearing from you.

Yours faithf_____

C. Hilley

C. Hilley
Branch Manager

H Translation — Bitte übersetzen Sie.

1 Seit wann wohnst du hier? ....

2 Sie ist noch nicht eingetroffen. ....

3 Wann hast du das getan? ....

4 Wir sind am Samstag mit dem Bus nach Davos gefahren. ....
....

5 Wann ist er weggegangen? ....

6 Wie lange kennst du ihn schon? ....

7 Ich bin am Mittwoch mit einem Freund nach St. Moritz gereist. ....
....

8 Er hat es noch nicht geschrieben. ....

I Translation — Bitte übersetzen Sie.

1	Mein Freund Tobi,	....
	dessen Frau Lehrerin ist,	....
	kümmert sich um seinen Sohn Florian.	....
2	Leute, die alles glauben, was sie sehen,	....
	wissen nicht viel über Computer.	....
3	Jeder Satz, den er sagt, ist super.	....
4	Das ist etwas, das ich nicht verstehe.	....
5	Die Saison, die ich am meisten mag,	....
	ist der Sommer.	....
6	Mein Neffe Gäel,	....
	der einfach nicht weiss,	....
	was er tun könnte,	....
	braucht wahrscheinlich viel Hilfe.	....
7	Das ist das schlimmste Hotel,	....
	in dem ich mich je aufgehalten habe.	....
8	Die Hongkonger Wirtschaft,	....
	welche bis jetzt ein schwaches Jahr hat,	....
	könnte sich bald erholen.	....
9	Sie hat ihr Geld und Nerven verloren,	....
	was noch schlimmer ist.	....
10	Das ist der langweiligste Film,	....
	den ich seit Jahren sah.	....

33 Modal verbs — Modalverben

Modalverben bringen meist eine persönliche Einstellung zum Ausdruck, wie etwa *You must go and see that film,* den die sprechende Person offenbar ziemlich gut findet.

Die modalen Hilfsverben der englischen Sprache sind unveränderlich. Sie erhalten in der dritten Person auch keine Endung *–s*.

Im Gegensatz zum Deutschen folgt im Englischen auf ein Modalverb immer die Grundform eines weiteren Verbs, und zwar meist **ohne** ~~*to*~~.
Die englische Variante von *Kannst du Spanisch?* heisst nicht ~~*Can you Spanish?*~~, sondern *Can you speak Spanish?* Und die Übersetzung von *Ich muss jetzt ins Büro* heisst nicht ~~*I must to the office now*~~, sondern *I must go to the office now.*

a Übersicht über die häufigeren Modalverben und ihre Bedeutungen

a 1 Can — Möglichkeit, Fähigkeit

I cannot see anything. Can you hear me ?	Möglichkeit	Ich kann nichts sehen. Kannst du mich hören ?
She can't type. I can ride a bike, but I cannot drive.	Fähigkeit	Sie kann nicht tippen. Ich kann radfahren, aber nicht Auto.

➜ Als **Grundform** verwendet man eine Umschreibung: ***be able to***. Das Wort *able* bedeutet *imstande* oder *fähig*. Damit bildet man die weiteren Zeitformen:

I think **I'll be able to** do the job.	Ich glaube, ich werde die Aufgabe lösen können.
We **haven't been able to** see much so far.	Bis jetzt haben wir noch nicht viel sehen können.

➜ Für die Vergangenheit und den Konjunktiv wird meistens die Form ***could*** verwendet.

a 2 Can I ? Could you ? — Erlaubnis, Bitte

Can I borrow your pen please ?	Bitte	Darf ich deinen Schreiber borgen ?
Could you open the door please ?	Höfliche Bitte	Könnten Sie bitte die Tür öffnen ?

Sowohl *can* als auch *could* werden in der Frageform verwendet, um Bitten zu stellen. (→Kapitel 12).

a 3 Shall I ? Shall we ? — Angebot, Bitte um Entscheidungshilfe

Das Verb *shall* wurde früher für die erste Person (Einzahl und Mehrzahl) der Zukunft benützt, wird in dieser Funktion aber durch *will* abgelöst. So tritt es jetzt vor allem in zwei Frageformeln auf (→Kapitel 12):

Shall I make some tea ? Shall I buy some wine ?	Angebot oder Vorschlag	Soll ich Tee machen ? Soll ich Wein kaufen ?

Shall we have pasta or pizza ? Shall we go out for dinner ?	Bitte um Hilfe beim Entscheid	Sollen wir Pasta oder Pizza essen ? Sollen wir ausgehen zum Essen ?

a 4 Must (1) — Interesse des Subjekts

We must go home now. You must come to the party. She must tell me the truth.	Notwendigkeit für das Subjekt	Wir müssen jetzt nach Hause (gehen). Du musst zu der Fete kommen! Sie muss mir die Wahrheit sagen.

Bei allen Beispielen liegt die Handlung im **Interesse des Subjekts**.
Das **Ersatzverb** für dieses *must* ist in den anderen Zeitformen *have to* (→ c).

Der Unterschied zwischen Eigeninteresse und Zwang von aussen geht in den anderen Zeiten verloren: *She knew that she had to see him* und *I had to work overtime.*

Must (2) — Folgerung

She must be ill if she's not coming. These shoes must cost at least £200.	Logische Folgerung oder begründete Spekulation	Sie muss krank sein, wenn sie nicht kommt. Diese Schuhe müssen mindestens £200 kosten.

Diese Funktion von *must* ist nicht problematisch. Auch das deutsche *müssen* erfüllt sie.
Die Vergangenheit von diesem *must* wird mit dem Infinitiv Perfekt gebildet:
*He doesn't seem surprised — Iris **must have told** him.*

a 5 Mustn't — Verbot

They must not smoke in here. You must not drink and drive.	Hart formuliertes Verbot	Sie **dürfen** hier drin **nicht** rauchen. Du **darfst nicht** betrunken autofahren.

Die Grundform für das Verbot ist ***not be allowed to***, d.h. **nicht erlaubt sein**. Davon werden auch die anderen Zeiten gebildet, etwa die Vergangenheit ***I wasn't / we weren't allowed to*** *leave early* etc.

b Should

Rat, Ermahnung, Pflicht

Das Modalverb *should* drückt einen Ratschlag, eine Ermahnung oder ein Pflichtgefühl aus.

You should eat more vegetables.	Rat	Du solltest mehr Gemüse essen.
I think you should really try a bit harder.	Ermahnung	Ich finde, Du solltest Dir wirklich etwas mehr Mühe geben.
We should go back to work now.	Pflichtgefühl	Wir sollten jetzt wieder arbeiten gehen.

➜ Früher war *should* im Konditional die erste Person (Einzahl und Mehrzahl) zu *would*.

c Have to

Äusserer Zwang

Das Verb *have to* bezeichnet einen Zwang oder eine starke Verpflichtung, die aber von aussen kommen, d.h. im Interesse einer dritten Person liegen (im Gegensatz zu *must* → a 4).

Das Verb *have to* ist aber ein Vollverb, das im heutigen Englisch die Frage und Verneinung mit *do / does / did* bildet und in allen Zeiten verwendet wird.

Present

Do you have to work on Saturdays ?	Musst du samstags arbeiten ?
Doesn't she have to go to school today ?	Muss sie heute nicht zur Schule (gehen) ?
Where's Max? - He has to see the boss.	Wo ist Max? - Er muss zum Chef gehen.

Present Perfect

I've had to work a lot lately.	Ich habe in letzter Zeit viel arbeiten müssen.

Past

There was no bus and we had to walk.	Es kam kein Bus, und wir mussten zu Fuss gehen.
Didn't she have to stop smoking ?	Musste sie nicht aufhören zu rauchen ?

Will + Infinitive

I'm afraid you'll have to wait a bit longer.	Ich fürchte, Sie werden etwas länger warten müssen.
By train? Good. We won't have to drive.	Mit dem Zug? Gut. Dann müssen wir nicht fahren.

➜ In vielen Zeiten ist ***have to*** der Ersatz für ***must***. Dann fällt der Unterschied von fremdem und eigenem Interesse weg.

A *Must* or *have to* ? — Setzen Sie die besten Formen ein.

1 I'm sorry, but I can't come. I .... work late that night.

2 (we / really) .... pay that bill ?

3 I'm afraid my wife won't be here. She .... go to Paris for a meeting.

4 He .... absolutely come and join us. It's an awesome party.

5 They will .... take that flight, there's no better one.

6 I'm hungry, I .... make myself a sandwich.

7 Ruth is a nurse. She .... work every third weekend.

8 We .... get a new vacuum cleaner soon.

9 You .... absolutely see the new Nicholson film.

10 (you) .... really watch TV all day long?

11 (he) .... speak so long on the telephone?

12 I .... try to spend less money on clothes.

B *Mustn't* or *not have to* ? — Setzen Sie die passenden Verbformen ein.

1 Next Friday is Good Friday — I .... go to classes.

2 Tell them that they .... smoke in here.

3 You .... forget to call me.

4 She likes the job because she .... work long hours.

5 Nowadays you .... wear white in all tennis courts.

6 Cars .... be parked here.

7 Just come to see me any time if you like. You .... call me before.

8 Let's keep our cool. We .... get nervous – it won't help!

9 Tell them they .... drive fast. There might be ice on the roads.

10 We .... decide now. They have given us another 10 days.

C If you ... , you should / shouldn't etc. — Finden Sie den zweiten Teil des Satzes und setzen Sie fehlende Personen und *should* oder *shouldn't* ein.

0	If you want to see that film,	f	a	....	go to work tomorrow.
1	If she wants to lose weight,	......	b	....	be there by 8 o'clock.
2	If they need batteries,	......	c	....	promise too much.
3	If you want to be honest,	......	d	....	go out with a good friend.
4	If we get that nervous,	......	e	....	go to the newsagent's.
5	If he's sad and lonely,	......	f	you should	book the tickets now.
6	If you're ill,	......	g	we	take him to the pub.
7	If you like a good bottle,	......	h	....	make long-distance calls.
8	If her phone bill is too high,	......	i	....	go to the chemist's.
9	If we drive a bit faster,	......	j	....	stay with her parents.
10	If he doesn't like alcohol,	......	k	....	eat that much chocolate.
11	If she wants to be free,	......	l	....	go to *André's Wine Bar.*
12	If you need the paper,	......	m	....	sell our options now.

13 One sentence has a *should* with a different meaning.

Which one is it ? ....

What is the difference ? ....

D Which auxiliary verb? — Setzen Sie die besten Hilfsverben ein.

1 I .... hear anything. .... you turn up the volume a bit, please?

2 That was terrible of you. You .... never say anything like that again.

3 Yippie! I don't .... / .... work tomorrow. The boss has given us an extra holiday. — Great! .... we go skiing then?

4 Look at that house. It .... be worth at least a million.

5 I think if you want to pass that exam, you .... study a bit harder.

6 .... you really make that funny noise all the time? It drives me crazy.

7 Holiday pictures from Hawaii? .... I see them ?

8 I'm awfully busy at the moment. .... you call me back later, please?

9 .... we go out tonight or .... we stay at home?

10 Sorry, sir, but you .... wear a jacket in this restaurant.

11 You .... not forget to buy fresh cream. We are having strawberries for dessert.

12 There .... be no rain tomorrow. The weather forecast is great.

E *be able to, be allowed to* or *have to*? — Benützen Sie die beste Form, positiv oder negativ und in der passenden Zeitform.

1 I was not .... buy beer in the U.S. because I'm not 21!

2 Some day, we will .... do whatever we want.

3 I didn't really enjoy my holiday because I .... eat rice every day.

4 I'm afraid you will .... help me in the garden this afternoon.

5 .... she .... work at weekends, too ?

6 Come on. You must .... translate this letter.

7 .... they .... call a doctor ? — Yes, it was really bad.

8 I'd like .... to spend more time travelling abroad.

9 I hope that I .... never .... accept conditions like these.

10 Being no member I don't think you will .... get into that club.

11 He's a bright kid, but he's never .... understand mathematics.

12 In that camp last year we .... play music after 10pm.

F Right or wrong? — Setzen Sie bei korrekten Sätzen einen Haken (✓) und verbessern Sie die Fehler in den anderen.

1 He should to study more for school. ....

2 She's had to leave early. ....

3 Could you please telling me the way? ....

4 We must work last Saturday. ....

5 I cannot promise to be there. ....

6 He don't can type. ....

7 I'd like to can come with you. ....

8 She can French well. ....

9 Have you been able to talk to the boss? ....

10 I didn't must pay all of it. ....

G Vocabulary : *make* or *do* ? — Setzen Sie die passenden Formen und richtigen Zeiten ein. Erstellen Sie eine Lernkartei oder Liste zum Lernen von jenen Kombinationen, die Sie nicht wussten.

➜ **Tipps**

a	*do* für Arbeiten erledigen	I have to do the accounts this week.
b	*do* für das ganz Allgemeine	What shall we do tonight?
c	*do* vor *the/some* etc. + Verb mit *-ing*	Could you **do the** wash**ing**-up today?
d	*make*, wenn etwas Neues entsteht.	I'll make us some coffee.

1 On my summer holiday I want to .... some reading.

2 They really .... their best, but they still lost the game.

3 Sorry. I think I have .... a mistake.

4 Could you .... me a favour?

5 I have to .... another phone call.

6 Who is going to .... the cooking today?

7 Oooff! I have finally .... all the bills.

8 .... love, not war!

9 I think we should .... a decision now. Right now.

10 Well, perhaps we could .... business with them.

11 What are you .... ? — I'm just .... a bad impression.

12 She has .... a fortune working as an investment advisor.

13 Don't sit here and cry. .... something about it!

14 This car .... a very funny noise.

15 Can you .... a yodel?

16 The bathroom's still busy. Tessie is .... her hair.

H Writing a semi-formal letter — Lesen Sie den Brief.

a) Füllen Sie zunächst die Lücken.
b) Sie werden merken, dass verschiedene Hilfsverben fehlen. Markieren Sie die Orte, wo die nachstehenden Ausdrücke fehlen und setzen Sie die Zahl des Ausdrucks ein.

① am ② cannot ③ cannot ④ could ⑤ don't ⑥ have to ⑦ would ⑧ would ⑨ able to

---

Dear Ms Page

Thank you .... your letter ..... March 21. I very sorry that I meet you .... either the 13th or 14th as you suggested. I be in London that week. It is a long-standing appointment .... I am afraid I change.

On the other hand, it be possible to meet .... Saturday 18th. I would even be collect you from your hotel .... 11.30am. I then show you round the business college after lunch. We have time to draw up some sort of schedule .... the trip.

.... this is not convenient, please hesitate to contact me on 01-444-6600.

I am looking forward .... meeting you.

Yours sincerely

A. Cooper

I Translation — Bitte übersetzen Sie.

1 Samstags muss ich nicht arbeiten. ....

2 Du solltest keine Lügen erzählen. ....

3 Diese Gericht musst du versuchen! ....
Es ist ausgezeichnet. ....

4 Du darfst nicht vergessen, ...
dass du bald eine Prüfung hast. ....

5 Musstest du Uniform tragen? ....

6 Du hast den Husten. ....
Du solltest aufhören zu rauchen. ....

7 Den Film musst du sehen! ....
Er ist so lustig. ....

8 Sie dürfen nicht vergessen, ...
dass es schwer ist, ...
Haare zu färben. ....

J Translation — Bitte übersetzen Sie.

1 Hat er abreisen müssen? ....

2 Sie ist wirklich dick. ....
Sie sollte aufhören, ...
Bier zu trinken. ....

3 Du musst ihr keine Rosen schicken. ....
....

4 Ihr solltet freitags kein Fleisch essen. ....
....

5 Soll ich Wein mitbringen? ....

6 Könnte ich Ihren Kugelschreiber leihen? ....

7 Meinst Du, ich werde ....
das Einkaufen erledigen können? ....

8 Musstest Du jemals wirklich arbeiten? ....
....

34 will — Modalverb will für Information über die Zukunft

Das Modalverb *will* und seine verneinte Kurzform *won't* haben heute praktisch nur noch eine Form. Früher wurde für die erste Person (*I* und *we*) das Verb *shall* und *shan't* benützt.

a Bisher haben wir *'ll* für spontane Hilfeangebote (→Kap. 13) und *will* und *won't* für **spontane Entscheide** gebraucht (→Kap. 20) — im Gegensatz zur Zukunft mit *be* + *going to*, wo die Entscheide schon *vor dem Zeitpunkt des Gedankenaustausches* gefällt worden sind.

b *will* und *won't* werden aber auch für **'objektive' Aussagen über die Zukunft** benützt.

Beispiele

The conference will begin on Monday.	Die Konferenz beginnt am Montag.
We will need the goods by 15 May.	Wir brauchen die Ware spätestens am 15. Mai.
All my friends will be at the party.	All meine Freunde werden bei der Party sein.
It will be Christmas soon.	Es ist bald Weihnachten.

c *will* und *won't* werden **für persönliche Meinungen, individuelle Prophezeiungen oder Einschätzungen** gebraucht, also was die Leute denken oder annehmen.

Beispiele

We will run out of crude oil before 2050.	Das Rohöl wird uns vor 2050 ausgehen.
The Maldives will be under water.	Die Malediven werden unter Wasser stehen.
The US Dollar will be stronger next year.	Der US Dollar wird nächstes Jahr stärker sein.
There won't be any rain at the weekend.	Es wird am Wochenende keinen Regen geben.

35 will + when/if — Die Zukunft bei Zeitsätzen und Bedingungssätzen

Häufig verbinden bedingende Konjunktionen (*if, unless*) oder zeitliche Konjunktionen (*when, as soon as, after, before, until*) einen Hauptsatz in der Zukunft mit einem Nebensatz. Dabei steht der Hauptsatz oft in der Zukunft, der *Nebensatz dagegen meist nicht.*

a **Bedingungssätze**

Main Clause	Subordinate Clause	Hauptsatz	Nebensatz
I will call you	if I go to the cinema.	Ich werde Dich anrufen,	wenn ich ins Kino gehe.
We won't stay at home	unless it rains.	Wir bleiben nicht zuhause,	es sei denn, es regnet.

b Zeitsätze

Main Clause	Subordinate Clause	Hauptsatz	Nebensatz
I'll tell her	when I see her.	Ich werd's ihr sagen,	wenn ich sie sehe.
He will contact you	as soon as he arrives.	Er wird Kontakt mit Ihnen aufnehmen,	sobald er eintrifft.
We will act immediately	after we get the order.	Wir werden sofort handeln,	nachdem wir den Auftrag erhalten.
They won't pay	before we deliver.	Sie werden nicht bezahlen,	bevor wir liefern.
I'll wait here	until you come back.	Ich werde hier warten,	bis du zurückkommst.

➜ All diese Sätze können auch mit dem Nebensatz beginnen. Der Hauptsatz folgt darauf. Dann steht im Englischen vor dem Hauptsatz meist ein Komma:

If I go out , I'll call you	As soon as I arrive, I'll ring you.
Unless it rains , we won't stay at home.	When she gets your letter, she will understand.

Anmerkung

In unseren Beispielen bestimmen die Zeitsätze die Zeit im Hauptsatz, d.h. die Handlung im Hauptsatz ist von der Zeitangabe im Nebensatz abhängig. Deshalb steht im Nebensatz nie *will*. Der Vollständigkeit halber muss bemerkt werden, dass in anderen, selteneren Sätzen manchmal nach einer zeitlichen Konjunktion das Modalverb *will* stehen kann.

36 if vs. when — *if* und *when*

Bei den Satzbeispielen oben wird das deutsche Wort *wenn* für zwei verschiedene englische Wörter — *if* und *when* — gebraucht. Die beiden englischen Wörter sind aber nicht austauschbar.

If steht für eine **Bedingung**, also *wenn* oder *falls*. Vergleichen Sie französisch *si*, italienisch *se* und spanisch *si*.

When steht für eine **Zeit**, also *dann, wenn*. Vergleichen Sie französisch *quand*, italienisch *quando* und spanisch *cuando*.

A Future Situations — Studieren Sie die folgenden Sätze in der Zukunft. Entscheiden Sie, um was für Situationen es geht. Wählen Sie dafür Ausdrücke aus der folgenden Liste:

Spontane Entscheidung / Fester Plan / Prognose mit Anzeichen / Persönliches Urteil Arrangiertes Ereignis (Agenda-Zukunft) / Sachinformation / Spontane Hilfe.

➜ *Die Zahlen im Lösungsheft beziehen sich auf die Grammatikkapitel in diesem Buch.*

1 Do you want some breakfast? —
No, thanks, I'll just have coffee. *Spontane Reaktion*

2 A strong wind? Is it going to rain this evening? ....

3 Unfortunately, there won't be any dessert. ....

4 She's flying to Chicago tomorrow. ....

5 Mr Smith? Just one minute, please. I'll get him. ....

6 I'm sure you'll enjoy the party. ....

7 This summer we're going to Spain ... .

8 ... and that's why I'm going to learn Spanish. ....

9 Don't worry. I think he'll understand. ....

B Present tense or *will*? — Setzen Sie die Verbformen ein. Achtung: Nicht alle zeitlichen Sätze hier bestimmen den Zeitpunkt der Handlung im Hauptsatz.

1 I'll go shopping when it .... raining. *(stop)*

2 You can borrow my car if you .... it back before 5 o'clock. *(bring)*

3 Please let me know as soon as she .... home. *(be)*

4 She .... to you unless you apologise. *(not talk)*

5 Be here at 8am unless I .... you. *(phone)*

6 I'll help her even if she .... it. *(not deserve)*

7 Can you tell me when Ms Black .... here next? *(be)*

8 Call me if you .... from the account executive. *(not hear)*

9 I'll see you again when I .... in New York in May. *(be)*

10 I .... back tomorrow unless the air traffic controllers go on strike. *(be)*

11 I have no idea when I .... a suitable job. *(find)*

12 Buy her a hamburger if she .... a pizza. *(not want)*

C Sentence links — Ordnen Sie die Teilsätze einander zu und schreiben Sie die Nummer vor den zweiten Teil des Satzes.
Setzen Sie dazu die folgenden Konjunktionen ein — *If / if / when / ~~as soon as~~ / before / unless / unless / After / until* — entweder vor dem Teilsatz links oder rechts.

1	I will inform you	e	**a**		you get here, and then he'll take you to the show.
2	She won't continue working with us		**b**		you listen to my instructions carefully.
3	Will you please call me		**c**		I'll call you and tell you whether I have got the new job.
4	Will you please ask me and get my OK		**d**		your flight gets to New York.
5	you can't keep our secret,		**e**	as soon as	I can. We cannot afford to lose any time.
6	I talk to the boss,		**f**		we miss this train.
7	We won't be back home for supper		**g**		I will never tell you anything again.
8	You won't be able to do this job properly		**h**		she gets a rise in pay.
9	He'll wait		**i**		you use my car again.

D Ergänzen Sie den zweiten Satz so, dass er eine ähnliche Bedeutung hat wie der erste. Benützen Sie das gegebene Wort in unveränderter Form sowie 1 bis 4 weitere Wörter.

1 Unless she books in advance, she won't get a room at that hotel. **if**
She won't get a room at that hotel ______________________ in advance.

2 Immediately after his arrival he will call you. **as**
He will call you as ______________________________ here.

3 I'll wait here until they come. **leave**
I ______________________________ they arrive.

4 They will soon pay, and then we'll be out of the red numbers. **before**
We will soon be out of the red numbers ________________________ pay.

5 First we want our money, and then we will leave this room. **until**
We are not going to leave this room ____________________ us our money.

6 I haven't seen her yet, and so I haven't told her the news. **see**
I'll tell her the ________________________________ her.

7 If there's more in it for him, he'll like your plan. **like**
He won't ___________________________________ there is more in it for him.

8 Unless there's a need for him to be at the meeting, he won't go there. **doesn't**
He will not go there _______________________________ to be at the meeting.

9 She must first type the five letters, and then she can leave. **typed**
She can stop working ______________________________ the five letters.

10 If she has the time, she will help you with the accounts. **unless**
She will help you with the _____________________________________ busy.

E *going to* or *will*? — Vermischte Zukunftsformen.
Beachten Sie → In 2 Sätzen benötigen Sie das *Present Continuous* für ein Arrangement.

1 Look at this quotation. Our new year greeting cards .... a fortune. (cost)

2 I think we .... a better offer from Cardco International. (get)

3 Have you heard? Toni .... a baby. (have)

4 With some luck, the baby .... Toni's hair. (have)

5 We had better get home quickly, it .... Look at those clouds. (rain)

6 There .... ice on the driveway if it gets any colder. (be)

7 .... you .... to Jane's party tomorrow? (come)

8 They .... unless a miracle happens. (lose)

9 Why are you stopping? — I .... myself a cup of coffee. (get)
— Good idea. I .... one too. (have)

10 I .... to the Piedmont for the weekend. (go) —
Really? You .... probably .... too much. (eat)

11 Don't tell her or she .... everybody. (tell)

12 Why are these books on the table? — Max .... his homework. (do) — .... you please .... him with it today? (help) I did yesterday.

→ **Writing: Pro and con — Text verfassen: Pro und Kontra.**

F Verständnis des Inhalts und des formalen Aufbaus.
Vervollständigen Sie die nachstehenden Sätze — mit einem Buchstaben pro Strich — und ordnen Sie den Text, indem Sie die Sätze am linken Rand numerieren. Ein paar Sätze sind schon numeriert.

Advantages and disadvantages of living in the city

1 Living in the city is of_ _ _ the secr_ _ dream of commu_ _ _ _ .

.... And, last but not le_ _ _, the fa_ _ that the_ _ are so ma_ _ shops and serv_ _ _ _ results in bet_ _ _ job opportu_ _ _ _ _ _ .

.... Moreover, bec_ _ _ _ there are mo_ _ people, one can ha_ _ a lar_ _ _ number of frie_ _ _ .

.... The_ _ are many adva_ _ _ _ _ _ to liv_ _ _ in the city centre.

.... Firstly, one is fa_ aw_ _ from nature, and there is nei_ _ _ _ peace no_ quiet.

.... In conclusion, it can be se_ _ that the city is mo_ _ suitable for so_ _ th_ _ for others.

.... In contrast, fami_ _ _ _ with young chil_ _ _ _ are usu_ _ _ _ better provided for in the country.

5 Actually, there is suc_ a wide choi_ _ that it is sometimes ha_ _ to make up one's mi_ _ .

.... However, in real_ _ _, it has bo_ _ its advantages and dis_ _ _ _ _ _ _ _ _ _ .

.... A final, b_ _ major disadvantage is th_ _ there is su_ _ a lot of tra_ _ _ _ .

.... On the other hand, there are cert_ _ _ drawbacks to li_ _ in the city.

13 And poll_ _ _ _ _ of the air can dam_ _ _ one's hea_ _ _ .

.... First of all, enterta_ _ _ _ _ _, particul_ _ _ _ in the evening, is e_ _ _ to find.

.... On the whole, it is often the be_ _ place for young sin_ _ _ people who are foll_ _ _ _ _ a care_ _ and who wa_ _ some excite_ _ _ _ .

.... As a result, one do_ _ not have to tra_ _ _ long dista_ _ _ _ to work in crow_ _ _ trains or buses, wh_ _ _ can al_ _ be qui_ _ expensive.

.... Therefore, bring_ _ _ up children is not with_ _ _ high risks.

11 In addition, life in the city is fast-lived and stress_ _ _, and that's why pe_ _ _ _ tend to be le_ _ open and friendly.

G Text planning — Ordnen Sie Ihre Gedanken. Erstellen Sie ein Rohgerüst.
Sie schreiben einen Kurzartikel über die Vor- und Nachteile eines Handys (*mobile phone*).
Übersetzen Sie die folgenden skizzierten Gedanken ins Englische und ordnen Sie die Teile am passenden Ort in den Aufsatzraster ein.

kann jederzeit erreicht werden / ist teuer / kann peinlich sein / weil ich weder ein eigenes Geschäft noch ein Auto habe / weil es leicht und handlich ist / Mobiltelefone scheinen heutzutage das Statussymbol Nummer eins zu sein / gefährlich beim Auto fahren / kann überallhin mitgenommen werden / trotz der Vorteile brauche ich keines / was sehr wichtig ist für Manager / aber brauche ich wirklich eins? / kann im Verkehrsstau Zeit sparen

A Einleitung

1 *Mobile phones seem to be the status symbol number one nowadays.*

2

B Vorteile (Vervollständigen Sie Gedanken 1 und 2 mit Material von oben)

1a

b

2a

b

3

C Nachteile

1

2

3

D Schlusszusammenfassung

1

2

H Another grid — Erstellen Sie einen Raster wie in der Übung G und tragen Sie dort eigene englische Stichworte ein, zu einem beliebigen Thema, z.B. *Vorteile und Nachteile eines Bürojobs*.

I Text organisation links — Praktische Ordnungshelfer. Vergewissern Sie sich, dass Sie die folgenden Ausdrücke verstehen, und schreiben Sie sie in die passende Spalte.

~~nevertheless~~ / firstly / as a result / on balance / in addition / so / what's more / to begin with / on the other hand / on the whole / in contrast / also / last but not least / that's why / furthermore / but / in conclusion

First of all	Moreover	However	Therefore	Finally	To sum up
		nevertheless			

J Write your argument — Setzen Sie jetzt Ihre Notizen zur Aufgabe H (z.B. "Bürojob") mit Hilfe der ordnenden Wörter in einen Aufsatz um.

➜ *Wenn Sie die Arbeit jemandem zur Korrektur und Beratung vorlegen möchten, so ist es eine gute Idee, alles am PC zu tippen und dabei doppelten Zeilenabstand zu verwenden. Dann haben Sie ferner die Möglichkeit, den Text als "Englisch" zu markieren (Menü Extras / Sprache) und die Rechtschreibung zu überprüfen oder Alternativen zu Wörtern im Thesaurus zu suchen. Dabei können Sie einiges dazulernen.*

K Translation — Bitte übersetzen Sie.

1 Sie braucht das Konto ....
bis spätestens Ende Mai. ....

2 Wieso rufst Du an? — ....
Ich werde ein Jahr ....
in New York arbeiten. ....
Könnte ich bei Dir wohnen? ....

3 Er sagt, unserem Planeten werde ....
bald die Energie ausgehen. ....

4 Ich reise morgen ab. ....

5 Wozu sind all diese Kisten hier? — ....
Ich werde umziehen. — ....
Ich kann's nicht glauben! ....
Super! Ich helfe Dir packen. ....

6 Oh, wirklich? Bekommst ....
Du ein Kind? ....

L Translation — Bitte übersetzen Sie.

1 Wir werden den Roboter liefern, ...
sobald Sie bestellen. ....

2 Wir werden die Waren nicht schicken, ...
es sei denn Sie zahlen im voraus. ....

3 Wir beginnen mit der Produktion ....
sofort, nachdem wir die ....
Bestellung erhalten. ....

4 Wenn es regnet, ...
bleiben wir zu Hause. ....

5 Ich fürchte, wir müssen einkaufen, ...
bevor wir essen können. ....

6 Sie wird sich besser fühlen, ...
sobald sie nicht mehr raucht. ....

7 Wenn es mehr Autos gibt, ...
wird es auch mehr Kollisionen geben. ....

8 Wir werden nicht mehr atmen können, ...
es sei denn wir handeln jetzt. ....

37 used to + infinitive — Frühere Gewohnheiten

Die Formel *used to* mit Infinitiv wird gebraucht, wenn wir von früheren Gewohnheiten oder Gepflogenheiten sprechen, von lange andauernden Zuständen, die jetzt anders sind. Die Formel ist unveränderlich und wird mit stimmlosem (*scharfem*) *s* gesprochen [ju:st tə].

Positive und verschiedene negative Aussagen

I	**used to**	swim a lot	Ich	schwamm	**früher**	viel.
You	used to	smoke cigars.	Du, Ihr	rauchte(s)t	**früher**	Zigarren.
He	**never used to**	smile much.	Er	lächelte	**früher**	nie viel.
She	never used to	forget things.	Sie	vergass	**früher**	nie etwas.
It	**didn't use_ to**	be 30° in May.	Es	war	**früher**	nicht 30° im Mai.
We	didn't use_ to	play chess.	Wir	spielten	**früher**	nicht Schach.
They	**used not to**	like oysters.	Sie	mochten	**früher**	Austern nicht.

Die häufigeren Varianten sind die oberen, nämlich *used to* und *never used to.*

Eher selten sind Fragen mit *used to*:

Positive und negative Fragen

Did	you	**use to**	smoke ?	Rauchtest	du	**früher** ?
Did	she	**use to**	work here ?	Arbeitete	sie	**früher** hier ?
Didn't	they	**use to**	go skiing ?	Gingen	sie	**früher** nicht Ski laufen ?

38 Subject and object questions — Fragen nach Subjekt und Objekt

Wie in den meisten Sprachen ist auch im Englischen die Frage nach dem Subjekt des Satzes einfacher als andere Fragen. (→Kap. 1+2)

Betrachten Sie den folgenden deutschen Satz:

Maria (Subjekt) hat *Jim (Objekt)* um acht Uhr angerufen.

Wenn wir nach dem Objekt fragen wollen, muss für die Frageform die Satzstellung geändert werden.

Es heisst dann: *Wen hat Maria* (Umstellung von Verb und Subjekt) *angerufen?* — und nicht: ~~*Wen Maria hat angerufen?*~~

Wenn wir nach dem Subjekt fragen wollen, ist alles einfacher.

Es wird nur das Subjekt durch das Fragewort ersetzt, alles andere bleibt unverändert:

Wer (Subjekt / Maria) *hat Jim* (Objekt) *angerufen*?

Das gleiche Beispiel heisst auf Englisch:

Mary (subject) *called Jim* (object).

Die Objektfrage ist kompliziert:	***Who*** (object = Wen?) ***did Mary*** (subject) ***call*** ?
Dagegen die einfache Subjektfrage:	***Who*** (subject=Wer?) ***called Jim***? (object)

39 Questions with prepositions — Fragen mit Präpositionen

Im Deutschen gibt es Fragewörter, die eine Präposition beinhalten, wie *Woher?* (=**von** wo?) *Worauf?* (=**auf** was?) usw. Solche Ausdrücke kennt das Englische nicht.

Im Englischen steht die Präposition immer getrennt vom Fragewort. Da man aber das Bedürfnis hat, Fragen mit dem Fragewort zu beginnen, steht im Englischen das Fragewort zuvorderst. Die Präposition folgt dann am Schluss des Kernsatzes.

Also nicht:	Sondern:
~~From where are you?~~	*Where* are you *from*?
~~To where are you going?~~	*Where* are you going *to*?
~~About what are you talking?~~	*What* are you talking *about*?

Die Orts- oder Zeitangabe steht aber noch weiter hinten:

Also nicht:	Sondern:
~~Who did you talk at the party to?~~	*Who* did you talk *to* **at the party**?
~~Who did she work last year for?~~	*Who* did she work *for* **last year**?

Jede Sprache kennt unechte Fragen. Ein deutsches Beispiel wäre:
Sie sind doch bereit, Überstunden zu leisten, nicht wahr?
Diese Frage kann man ohne Rechtfertigung fast nur mit *Ja, natürlich* beantworten.
Mit anderen Worten: Die Frage hat eine sehr **suggestive** Wirkung.
Der erste Teil ist ja auch gar keine Frage, sondern eine Aussage. Auf sie folgt erst am Schluss ein fragendes Anhängsel.
Solch ein Anhängsel kann in deutschen Dialekten sehr unterschiedliche Formen aufweisen:
... nicht wahr? ... nicht? ... nöd? ... gelt? ... oder? ... ja? ... hä?

Im Englischen wird das Anhängsel als kurze Frage formuliert.
Die angehängte Kurzfrage ist negativ, wenn die Aussage davor positiv war.
Sie ist positiv, wenn die vorangehende Aussage negativ war.

Beispiele

	You'**re** a hard worker,	**aren't** you ?
*	You'**re never** late,	**are** you ?
	Your wife **is** at home with the children,	**isn't** she ?
*	I'**m hardly** as tall as Max,	**am** I ?
	You **can** speak six languages,	**can't** you ?
➜	**Let's** go out for dinner,	**shall we** ?
	You'**ve** got an MBA,	**haven't** you ?
➜	He'**s** fired her,	**hasn't** he ?
	You **don't** want a high salary,	**do** you ?
➜	You **enjoy** working overtime,	**don't** you ?
	Your wife **doesn't** work,	**does** she ?
	You **were** in Harvard,	**weren't** you ?
➜	You **used** to work for a bank,	**didn't** you ?

* Ausser *not* gibt es auch andere Verneinungen wie *never* und *hardly, rarely* etc.

➜ Entscheidend ist, dass man das richtige **Hilfsverb** für die Bildung der Frage findet.

A "How people used to live 200 years ago" — Bilden Sie Sätze mit used to und didn't use to zu diesem Thema, am besten zu zweit und mündlich.

0 have / dishwashers → *People didn't use to have dishwashers.*
1 travel / coaches ....
2 cook / electricity ....
3 die / much younger ....
4 drive / cars ....
5 respect / older people ....
6 buy food / supermarkets ....
7 be able to vote ....
8 eat / less meat ....
9 get divorced ....
10 live / one-child families ....
11 work / longer hours ....
12 watch / TV ....

B Setzen Sie die Verbformen ein — entweder *used to / didn't use to* oder die Vergangenheit.

This is the true story of Sister Mary, who (become) .... a nun in 1991. Sister Mary (grow) .... up in a little village near Bath, and her family (not have) .... much money because both her parents .... unemployed. And they still are. Mary (get up) .... very early in the morning to deliver the local newspaper.

At school, Mary (study) .... very hard, and she never (have) .... bad marks. Also, as she (get) .... older, Mary (turn) .... into quite an attractive young lady. She (never be) .... at home much at weekends because she all the boys (ask) .... her for dates.

One day, Mary (meet) .... a young man from Manchester. Soon, they (get) .... on very well. They (spend) .... hours at a little romantic café talking about life, and Mary (fall) .... deeply in love with James.

But then, one night, Mary (have) .... a dream. She was seen with James one more time, and then she joined the Sisters.

C Whose spirit is it? — Fragen Sie nach dem unterstrichenen Ausdruck.

1 I was born in 1564. ....

2 I was born in Stratford-upon-Avon. ....

3 I first acted in a play in 1588. ....

4 I started to write plays in 1592. ....

5 I used to play a lot in London. ....

6 I bought part of a theatre in 1599. ....

7 My play *Hamlet* was a great success. ....

8 It made more than £85. ....

9 I directed *As You Like It* myself. ....

10 Then I wrote some love poems. ....

11 I moved back to Stratford in 1610. ....

12 I died in 1616. ....

D Questions —Fragen Sie nach dem unterstrichenen Ausdruck.

1 George taught me not to be afraid. ....

2 He told me what he had seen. ....

3 My wife phones me every day. ....

4 The temple is built of wood. ....

5 Kim was born in Zurich. ....

6 Susan met Jim at a party. ....

7 A week later they went to the cinema. ....

8 She's looking after her mother. ....

9 He broke his leg playing football. ....

10 That one costs more. ....

11 I asked him for a rise. ....

12 She comes from Chicago. ....

13 It was the size of a walnut. ....

14 We talked about Pat yesterday. ....

15 This fork is for eating lobster. ....

16 They appreciated my idea most. ....

17 Rudi comes here about once a year. ....

18 She looks absolutely unbelievable. ....

E Question tags — Hängen Sie die passende Kurzfrage an.

0 You hate that, *don't you* ?

1 He's never tired, ...?

2 They'll come, ...?

3 She put it in the fridge, ...?

4 She works for a bank, ...?

5 She's happy, ...?

6 He's got a car, ...?

7 They speak French, ...?

8 You didn't go, ...?

9 She used to smoke, ...?

10 We hardly saw anything, ... ?

11 You like oysters, ...?

12 They didn't enjoy it, ...?

13 She's got a car, ...?

14 He's rich, ...?

15 He likes chocolate, ...?

16 You'll be there, ...?

17 She's never happy, ...?

18 He read the paper, ...?

19 There's hardly any milk, ...?

20 She has a shower every day, ...?

F Vocabulary: Gender — Setzen sie die männlichen und weiblichen Wörter ein.

1	Schauspieler / Schauspielerin	....	....
2	Automechaniker / Automechanikerin	....	....
3	Vermieter / Vermieterin	....	....
4	Neffe / Nichte	....	....
5	Koch / Köchin	....	....
6	Kellner / Kellnerin	....	....
7	Schwiegervater / Schwiegermutter	....	....
8	Onkel / Tante	....	....
9	Prinz / Prinzessin	....	....
10	Stier / Kuh	....	....
11	Männer / Frauen	....	....
12	Hahn / Huhn	....	....
13	Verkäufer / Verkäuferin	....	....
14	Richter / Richterin	....	....
15	Graf / Gräfin	....	....

G Translation — Bitte übersetzen Sie.

1	Als ich klein war,	....
	trug ich nie ein Pyjama.	....
2	Er war früher Richter,	....
	aber dann brach er selbst das Gesetz.	....
3	Sie trug ihr Haar früher lang,	....
	aber dann heiratete sie.	....
4	Sie verdiente früher viel Geld,	....
	aber dann verlor sie ihre Stelle.	....
5	Ich habe früher geraucht,	....
	aber letztes Jahr hab' ich aufgehört.	....
6	Als ich jung war,	....
	genoss ich das Autofahren sehr.	....

H Translation — Bitte übersetzen Sie.

1 Wofür ist das? ....

2 Sie mögen Käse, nicht wahr? ....

3 Es hat noch Milch, ja? ....

4 Welche Farbe hat es? ....

5 Wessen Brille ist das? ....

6 Es hatte kaum Leute, nicht? ....

7 Sie sollte mehr arbeiten, nicht wahr? ....

8 Du wirst auf mich warten, ja? ....

Unit 11

41 The Passive Voice — Das Passiv

Das Passiv **wird verwendet**, wenn bei einer Handlung das Objekt im Vordergrund steht. Die Täterin oder der Täter ist entweder unbekannt, unwichtig oder uninteressant.

a Use — Verwendung

Passive Formen **können** in Sachtexten häufig **angetroffen werden** *(Die Kohle **wird** am Flöz 18 maschinell **abgebaut**, dann durch Stollen 419 und Schacht 81 **gefördert**. Darauf **wird** die Kohle **sortiert** und **verladen**).* → Wir sprechen über das Produkt, die Kohle.
Passivformen **werden** auch in englischen Briefen **gebraucht**, wenn man nicht persönlich werden will (*A mistake **was made*** anstelle von ~~*You made a mistake*~~).
Ferner **kann gesagt werden**, dass die Passivformen im Englischen häufiger **gebraucht werden** als im Deutschen — teils weil im Deutschen das unpersönliche Wörtchen *man* existiert.

➜ *Die Passivformen im obigen Text sind fett gedruckt.*

b Forms — Formen

Das Passiv besteht aus zwei Teilen. Im Deutschen wird für die Bildung des Passivs das Hilfsverb *werden* mit all seinen Formen eingesetzt, der zweite Baustein ist das Mittelwort 2 (Partizip Perfekt).
Im Englischen ist der zweite Teil derselbe. Es handelt sich um die dritte Form des Verbs. Das Hilfsverb ist — gleich wie in den romanischen Sprachen — das Verb *to be.*

Infinitive

(to)	be	done.	getan werden.
You	will be	recognised.	Du wirst erkannt werden / man wird dich erkennen.
It	can be	seen.	Es kann gesehen werden / man kann es sehen.
This	must be	said.	Das muss gesagt werden.

Present Simple

I	am	spoilt.	Ich werde verwöhnt.
S/he	is	trained.	Er/Sie wird ausgebildet.
They	are	built.	Sie werden gebaut.

Present Continuous

You The car	are being is being	watched. repaired.	Du wirst (jetzt gerade) beobachtet. Der Wagen wird (jetzt gerade) repariert.

Present Perfect

She The bills	has been have been	fired. paid.	Sie ist entlassen worden. Die Rechnungen sind bezahlt worden.

Past Simple

He They	was were	shot. developed here.	Er wurde erschossen. Sie wurden hier entwickelt.

Past Perfect

→ Kap. 50

We They	had been had been	informed before. warned.	Wir waren vorher informiert worden. Sie waren gewarnt worden.

➜ Im Deutschen wird in zukünftigen Passivsätzen manchmal ein Hilfsverb weggelassen, denn das Hilfsverb für die Zukunft heisst auch *werden*. Der Satz würde unschön ~~(werden)~~.
→ *Die Waren werden am 26. April geliefert ~~werden~~.*

Dieses Problem gibt es im Englischen nicht. Dort steht die Zukunft weiterhin:
→ *The goods **will be** delivered on 26 April.*

c Whodunit? — Die Frage nach der handelnden Person

Manchmal wird auch in Passivsätzen die handelnde Person erwähnt.
Der Täter oder die Täterin wird dann im Englischen von der Präposition *by* eingeleitet.

Beispiele

America was discovered by Columbus.	Amerika wurde von Kolumbus entdeckt.
The *Magic Flute* was composed by Mozart.	Die *Zauberflöte* wurde von Mozart komponiert.
The light bulb was invented by Edison.	Die Glühbirne wurde von Edison erfunden.
Harry Potter and the Philosopher's Stone was written by J.K.Rowling.	*Harry Potter und der Stein des Philosophen* wurde von J.K.Rowling verfasst.

d Verbs with two objects — Verben mit zwei Objekten

Im Englischen können bei Verben, die zwei Objekte haben, beide Objekte als Subjekt eines Passivsatzes dienen. Betrachten Sie die folgende Umformung.

	Subjekt	Verb	Personenobjekt	Sachobjekt
Aktiv	They	gave	me	some books.
	Sie gaben mir ein paar Bücher.			

Passiv (Sache)	Some books	were given	to me	
	Mir wurden ein paar Bücher gegeben.			

!

Passiv (Person)	**I**	**was given**		**some books.**
	~~*Ich wurde ein paar Bücher gegeben.*~~			

➜ Die Variante mit dem indirekten Objekt (resp. dem Dativobjekt, hier der Person) ist die stilistisch schönere. Das Englische verfügt über diese elegante Möglichkeit, die andere Sprachen nicht kennen.

Liste wichtiger Verben, die zwei Objekte haben können

➜ *Neben der wörtlichen Übersetzung (in Klammern) finden Sie rechts Übersetzungsvorschläge für englische Sätze, die mit dem indirekten Objekt als Personensubjekt beginnen.*

Aktiv	Aktiv Deutsch		Passiv	Vorschlag Übersetzung	Wörtlich Deutsch
bring	bringen	↔	be brought	erhalten, bekommen	(gebracht werden)
give	geben, schenken	↔	be given	(geschenkt) erhalten	(gegeben werden)
lend	leihen	↔	be lent	geliehen bekommen	(geliehen werden)
offer	anbieten	↔	be offered	angeboten bekommen	(angeboten werden)
promise	versprechen	↔	be promised	versprochen bekommen	(versprochen werden)
send	schicken	↔	be sent	per Post erhalten	(geschickt werden)
show	zeigen	↔	be shown	gezeigt bekommen	(gezeigt werden)
teach	lehren	↔	be taught	beigebracht bekommen	(unterrichtet werden)
tell	erzählen	↔	be told	erzählt bekommen	(erzählt werden)

Beispiele

I've been told.	Man hat's mir gesagt.
She's been offered a promotion.	Man hat ihr eine Beförderung angeboten.
You'll be given a rise.	Du wirst eine Gehaltserhöhung bekommen.

A Passive sentences — Bilden Sie Sätze im Passiv. Beachten Sie die Zeiten.

0 English (speak) *is spoken* all over the world.

1 Last year, all their money (steal) .... at the Milan railway station.

2 These watches (still / make) .... in Switzerland.

3 Students (ask) .... not to eat in the classrooms.

4 I hope you can sleep — the road (repair) .... at the moment.

5 Many public buildings (blow up) .... in Ireland in 1996.

6 A new solution to this problem (find) .... just .... in our labs.

7 a The old castle in Baden (destroy) .... in 1712.

b A Swiss-reformed church (build) .... after that.

c Stones from the castle (use) .... for the construction.

8 Our new Bristol branch will (run) .... by Ms Holden.

9 She's not in her office. She (question) .... now.

10 These goods should (deliver) .... today.

11 .... Kennedy (kill) .... by the FBI?

12 a A lot (say) .... at this conference until now.

b I wonder if any of it .... ever (do) ....

13 At present, more and more money (invest) .... into shares.

14 (offer) .... you .... a new job yet?

15 We can't use the kitchen today — it (paint) ....

16 I know, I (already/ tell) .... everything.

B Active or passive? — Wählen Sie die bessere Form im Textzusammenhang.

The Beginnings of Slavery

1 The first slaves imported/were imported into Virginia from Africa in 1619.

2 Slavery became/was become an official institution, particularly in the South,

3 where plantations required/were required great numbers of manual workers.

4 It existed/was existed, to a smaller extent, in the North as well.

5 Rhode Island was the first state to do/be done away with slavery.

6 In 1807 the slave trade itself brought/was brought to an end.

7 In 1816 a bizarre measure took/was taken to

8 allow/be allowed freed former slaves to go 'home' —

9 Liberia, land of liberty, created/was created in West Africa with its capital

10 Monrovia, which named/was named after President Monroe.

11 But, since most slaves had not freed/been freed, only

12 very few of them could transport/be transported, and anyway, for a vast majority

13 America was the only 'home' they knew/were known.

14 The situation complicated/was complicated by the invention of the cotton gin in 1793.

15 This machine, which separated/was separated the cotton seed from the fibre,

16 brought/was brought increased cotton production, and

17 bigger plantations meant/were meant a need for more slaves.

C Active or Passive? — Setzen Sie die Verben in die passende aktive oder passive Form.

Speeding through construction site at 208kmh

1 A 25-year-old motorist (drive) .... along a section of the A3 where road
2 work (do) .... now .... when a speed of 208kmh (register)
3 .... by mobile police radar. Due to the repair work, the speed limit in this
4 section (reduce) .... to 100kmh since January.
5 The driver (pass) .... a neutral police car at 10pm, and the officers (follow)
6/7 .... him. They were able to (arrest) .... him just after the
8 construction site. The driver (not have) .... a driver's licence and it (find)
9/10 .... that he (disqualify) .... from driving at the
11 beginning of the year. He (arrest) .... then .... for drink-driving and
12 (disqualify) .... for 5 months.
13 The driver will (prosecute) .... for driving without a licence and
14 flagrant disregard of traffic regulations. He will (have) .... to face long-term
15 disqualification and will probably (fine) .... heavily.

D Transformations — Bilden Sie Passivsätze aus den vorgegebenen aktiven Sätzen.
① Geben Sie die handelnde Person nur an, wenn das nötig ist.
② Verwenden Sie die gleiche Zeit wie im Aktivsatz.
③ Wenn Sie die Wahl haben, beginnen Sie mit dem Personenobjekt.

0	Columbus **discovered** America.	→	Das Verb steht im ***Past Simple***.
	Past Simple für das Hilfsverb ***be*** → ***was***, + die ***3. Form*** von ***discover*** → ***discovered***	→	*America was discovered by Columbus.*

1 She told me some interesting details. *I was* ....

2 Bell didn't invent the light bulb. The light bulb ....

3 They ate all the food. All the food ....

4 Has somebody typed the letters? ....

5 Shakespeare wrote *Hamlet*. ....

6 They are drawing a new plan now. A new plan ....

7 They should teach Jim a lesson. ....a lesson.

8 They are going to spend £1b on roads. £1b ....

9 They have forgotten this important fact. This important fact ....

10 Some people stole two pictures. Two pictures ....

11 Have they made Swatch for many years? ....

12 They grow a lot of rice in Arkansas. A lot of rice ....

13 They are building new offices. New offices ....

14 Somebody threw a knife. A knife ....

15 They are going to tear this tower down. This tower ....

16 They will send you a free copy. ....

17 You must fly these goods in tomorrow. These goods ....

18 You can see the Tower from here. The Tower ....

19 Somebody has found your wallet. ....

20 Somebody will drive you to the airport. ....

21 Somebody has offered her a job. ....

22 They should pay us more. ....

23 Did they give you the money? ....

24 Somebody is typing the letters. ....

25 I hope they won't break this law. I hope ....

26 Somebody showed her the pictures. ....

27 People will pay cash on delivery. ....

28 You should keep this food in the fridge. This food ....

E Prepositions and more — Setzen Sie das passende Wort ein.

1 .... you like to go to the cinema tonight? — That depends .... the movie.

2 I'm getting bored .... all these prepositions. — Really? I always find some of .... quite surprising.

3 Have you been invited .... Jane's party?

4 Why did you .... that lie? — It happened .... accident.

5 Don't laugh .... me all the time. I'm beginning to suffer .... headaches because .... you.

6 You can't go and see her. Her heart is being operated .... just now.

7 Who is .... charge .... checking the accounts this week?

8 Doesn't this wallet belong .... you?

F Translation — Bitte übersetzen Sie.

1 Man sollte es sofort erledigen. ....

2 Die Ersatzteile werden in Italien produziert. ....

3 Das war schlecht organisiert. Das habe ich nicht verdient. ....

4 Wie viele CDs sind bis jetzt verkauft worden? ....

5 Der Kopierer ist momentan in Reparatur. ....

6 Ihr (*Plural*) Jubiläum *(=Jahrestag)* wurde letztes Jahr gefeiert. ....

7 Man hat ihn gestern informiert. ....

8 Was für eine Belohnung man dir geben wird, hängt von dir ab. ....

9 Niemand hat es erzählt bekommen. ....

10 Man wird dir alles versprechen, aber man wird dir nichts schenken. ....

42 More Verb Patterns — Weitere Verbkonstruktionen

Unterschiedliche Verben werden durch unterschiedliche Strickmuster mit dem Rest des Satzes verwoben. So folgt im Satz *Wir können gut schwimmen* das Verb *schwimmen* allein und in der Grundform. Dagegen steht im Satz *Wir hoffen, Euch bald zu sehen* das Bindewort *zu* bei der Grundform.
Die Verben *können* und *hoffen* haben unterschiedliche Muster. Von diesen Mustern gibt es im Englischen eine ganze Menge.
Leider gibt es wenig präzise Regeln zum Thema, welche Verben mit welchen Mustern arbeiten. Deshalb erfordern die Verbstrukturen viel Gedächtnisleistung. Die untenstehenden Tips werden allerdings die Arbeit erleichtern.

a The Gerund — Das Verbalnomen

Aus Verben kann man Nomen bilden: *Sie freuen sich auf* ***das Schwimmen*** *im Meer.*
Im Englischen hat dieses Nomen aber keinen Artikel, und der Satz heisst nur *They are looking forward to* ***swimming*** *in the sea.*

In Unit 5 wurden einige Tips gegeben bezüglich Verbgruppen, die ein Verbalnomen an sich binden können. Es handelte sich dabei um
① Verben, die Vorlieben und Abneigungen ausdrücken *(enjoy)*,
② Verben des Aufhörens *(stop)* und
③ Verben des Weitermachens *(keep)*.

In der untenstehenden Tabelle finden Sie eine Reihe der weiteren häufigen Verben, die ein zweites Verb in der *–ing*-Form anhängen. Es handelt sich um die wichtigste Auswahl für Fortgeschrittene. Sie könnten Teil einer *First Certificate* Lernkartei sein.

1 Wichtige Verben für Fortgeschrittene

We really **appreciated** staying with you.	Wir haben es wirklich geschätzt, bei Euch zu sein.
Can we **avoid** informing them?	Können wir es verhindern, sie zu informieren?
I **can't help** loving you.	Ich kann es nicht lassen, dich zu lieben.
They **considered** selling the company.	Sie überlegten, ob sie die Firma verkaufen sollten.
Don't **delay** delivering the goods.	Versäumen sie es nicht, die Waren zu liefern.
She **finished** talking and started to cry.	Sie hörte auf zu reden und begann zu weinen.
Just **imagine** being on holiday.	Stell' Dir vor, Du wärst in den Ferien.
This job **involves** a lot of travelling.	Diese Arbeit beinhaltet viel reisen.

She **mentioned** trying your recipe.	Sie erwähnte, sie habe dein Rezept ausprobiert.
I don't **mind** ironing.	Ich habe nichts gegen das Bügeln.
We can't **risk** investing so much in shares.	Wir können es nicht riskieren, soviel in Aktien zu investieren.
He can **spend** hours watching TV.	Er kann Stunden mit Fernsehen verbringen.
I can't **stand** working with her.	Ich kann es nicht ertragen, mit ihr zu arbeiten.
They **suggested** going out for dinner.	Sie haben vorgeschlagen, zum Essen auszugehen.

2 Verbalnomen nach Präposition

Nach Präpositionen (wie *on*, *to*, *of*, *about* etc.) muss ein Nomen folgen. Wenn wir ein Verb benützen, ist es also nur logisch, dass wir es in ein Nomen verwandeln müssen. Dies tun wir, indem wir *-ing* anhängen.

➜ Merken Sie sich die folgenden Wendungen:

Are you **afraid of** flying?	Hast du Angst vor dem Fliegen?
She is **keen on** meeting you.	Sie ist erpicht darauf, Dich zu treffen.
Instead of talking we should act now.	Statt zu reden sollten wir jetzt handeln.
They left **without** saying good-bye.	Sie gingen weg, ohne sich zu verabschieden.

➜ Dies geschieht auch bei Verbausdrücken mit Präposition.

I don't **feel like** working.	Es ist mir nicht nach Arbeiten zumute.
We shouldn't **put off** discussing these points.	Wir sollten das Besprechen dieser Punkte nicht aufschieben.
They **succeeded in** convincing me.	Es gelang ihnen, mich zu überzeugen.

➜ **Besonders heikel** sind die folgenden Verbausdrücke mit der **Präposition *to***, die oft irrtümlich für das Bindewort der Grundform gehalten wird. Deshalb schleichen sich häufig Fehler ein.

object to They **objected to** chang**ing** the strategy.	sich widersetzen Sie waren dagegen, die Strategie zu ändern.
look forward to I'm **looking forward to** see**ing** you.	sich freuen auf Ich freue mich darauf, Dich zu sehen.
get used to We are **getting used to** liv**ing** in Europe.	sich gewöhnen an Wir gewöhnen uns daran, in Europa zu leben.
be used to She**'s used to** work**ing** overtime.	etwas gewohnt sein Sie ist es gewohnt, Überstunden zu machen.

b Infinitive only — Nur die Grundform

Die meisten Verben, nach denen nur die Grundform folgt, sind Modalverben (→Kapitel 33). Es gibt aber auch ein paar andere Verben, die so funktionieren.
Zwischen Verb und Grundform steht dabei meist noch die Person.
Beachten Sie vor allem die folgenden zwei unterschiedlichen Varianten des deutschen Verbs *lassen*:

lassen = Zwang ausüben, zu etwas veranlassen

make + object + infinitive

Don't make me laugh.	Bring' mich nicht zum Lachen!
The boss made me work till 8.	Der Chef zwang mich, bis um 8 zu arbeiten.

lassen = zulassen, erlauben

let + object + infinitive

Let me go.	Lass' mich gehen.
Daddy let me have the car.	Papi hat mich das Auto benützen lassen.

➜ *Lass' mich in Frieden* heisst *Leave me alone* (zurücklassen, in Ruhe lassen)
You must have your picture taken heisst *Du musst ein Photo machen lassen*
(Auftrag an eine dritte Partei erteilen → have + object + 3rd form of verb) .

➜ Remember the Beatles ? —
Zum Thema *In Ruhe lassen: Lass' es sein!* heisst *Leave it (alone)!*
und ***Let it be*** heisst nicht *Lass' es sein!* sondern *Lass' es so werden!*

c to + Infinitive — *to* und die Grundform

Dieses Strickmuster ist uns das geläufigste, da wir es von der Muttersprache sehr gut kennen. Es ist wird auch im Englischen sehr häufig angewandt.

1 Verben mit *would*, die jetzige Wünsche und Abneigungen ausdrücken

Would you like to dance with me?	Möchtest du mit mir tanzen?
He'd love to go to Australia.	Er würde sehr gern nach Australien gehen.
She'd prefer not to stop working.	Sie würde lieber nicht zu arbeiten aufhören.
We'd hate to see her.	Wir würden sie sehr ungern sehen.

➜ Wenn kein *would* steht, nehmen diese Verben das Verbalnomen (→Kapitel 41 a 1).

2 Die meisten anderen Verben

Do you really **want to** leave?	Willst du wirklich gehen?
I **wish to** talk to the boss.	Ich wünsche mit dem Chef zu sprechen.
She has **decided to** give notice.	Sie hat beschlossen zu kündigen.
He'll **try to** get a rise.	Er wird versuchen, eine Gehaltserhöhung zu bekommen.
Could he **manage to** convince the boss?	Hat er es geschafft, den Chef zu überzeugen?
They **agreed to** employ her.	Sie waren einverstanden, sie einzustellen.
I **hope to** find an interesting job.	Ich hoffe, ich finde eine interessante Stelle.
We have **chosen not to** stay.	Wir haben entschieden, nicht zu bleiben.
She **expects to** succeed with the plan.	Sie erwartet, mit dem Plan Erfolg zu haben.
They have **refused to** negotiate the offer.	Sie haben es abgelehnt, über das Angebot zu verhandeln.

➜ Die Verneinung ***not*** bei Grundformen steht **vor** dem ***to***.
Prinz *Hamlet* sagt bei *Shakespeare: To be or* ***not to*** *be, that is the question.*

3 Meist *to* + Infinitiv nach Adjektiven

Nach Adjektiven folgt praktisch immer **to** und die **Grundform.**

That's not hard to learn.	Das ist nicht schwer zu lernen.
That's easier to say than to do.	Das ist leichter zu sagen als zu machen.
It's essential to consider this point.	Es ist extrem wichtig, diesen Punkt zu bedenken.
It's difficult to understand this.	Das ist schwer zu verstehen.
It's important not to work too much.	Es ist wichtig, nicht zu viel zu arbeiten.
It was impossible to do that.	Es war unmöglich, das zu tun.

➜ Merken Sie sich aber die folgende grosse **Ausnahme** gut.

Sydney is really **worth** seeing.	Es lohnt wirklich, Sydney zu besuchen.
She's not **worth** worry**ing** about.	Es lohnt nicht, sich ihretwegen Sorgen zu machen.

d Person + to + Infinitive — Person und *to* + die Grundform

Diese Struktur ist uns vom Deutschen her auch geläufig: *Sie baten uns zu kommen.* Im Englischen wird dieses Prinzip bei ein paar häufigen Verben verwendet.

They **invited** us **to** stay with them.	Sie luden uns ein, bei Ihnen zu bleiben.
She **asked** me **to** go shopping with her.	Sie bat mich, mit ihr einkaufen zu gehen.
I **want** you **to** do the washing-up.	Ich will, dass du den Abwasch machst.
They have **advised** me **to** sell the shares now.	Sie haben mir empfohlen, die Aktien jetzt zu verkaufen.
We'll **help** you **to** invest your money better.	Wir werden Ihnen dabei helfen, Ihr Geld besser zu investieren.
I **encouraged** him **to** buy the property.	Ich ermutigte ihn, die Liegenschaft zu kaufen.
He'll **tell** you what **to** do.	Er wird dir sagen, was du tun sollst.

➜ Beachten Sie die elegante Kürze des Englischen im letzten Beispiel.

e Two Uses — Zwei Möglichkeiten

1 Es gibt einige Verben, die unterschiedlich gebraucht werden, je nachdem, ob sie *zukünftige* oder *vergangene* Bedeutung haben.

Die Übersetzung ins Deutsche erfordert manchmal ein anderes Verb.

a	Please **remember to** buy some sugar.	**Denk'** bitte **daran**, Zucker zu kaufen! (remember *ist vorwärts gerichtet.)*
	I can still **remember** see**ing** you for the first time.	Ich kann mich immer noch daran **erinnern**, wie ich dich zum ersten Mal sah. (remember *ist rückwärts in die Vergangenheit gerichtet.)*
b	Don't **forget to** write a postcard.	Vergiss' nicht, eine Postkarte zu schreiben! (forget *ist in die Zukunft gerichtet.)*
	I'll never **forget** danc**ing** with you.	Ich werde nie vergessen, wie ich mit dir getanzt habe. (forget *ist rückwärts gerichtet.)*
c	He **stopped to** have some coffee.	Er hielt an, um (dann) Kaffee zu trinken. *(Er trank Kaffee nach dem Anhalten.)*
	She **stopped** cry**ing**.	Sie hörte auf zu weinen.*(Sie hatte vorher geweint.)*
d	I **regret to** inform you of a delay in production.	Ich **bedaure**, Sie über eine Produktionsverzögerung zu informieren. *(Ich werde es gleich tun.)*
	I **regret** tell**ing** her my secret.	Ich **bereue**, dass ich ihr mein Geheimnis verraten habe. *(Ich habe es vorher getan.)*

2 **Es gibt Verben, nach denen beide Varianten vorkommen, ohne dass ein grundsätzlicher Unterschied besteht:**

He **began** to talk / talking. It **started** to rain / raining.	Er fing an zu reden. Es begann zu regnen.

➜ *Da beide Formen möglich sind, gibt es bei solchen Verben wenig Probleme.*

43 Infinitive of Purpose — Grundform zur Angabe des Zwecks

Die Grundform mit *to* kann den Zweck einer Handlung ausdrücken. Das Deutsche benützt hier die zwei Wörter *um zu*.

I'm writing to apply for a job. He went to the butcher's to buy a steak. She just called to say hello. We'll come to see you soon.	Ich schreibe, um mich um eine Stelle zu bewerben. Er ging zur Metzgerei, um ein Steak zu kaufen. Sie hat einfach angerufen, um Hallo zu sagen. Wir werden bald kommen, um Euch zu sehen.

44 bored and boring — gelangweilt und langweilig

Einige häufige englische Adjektive sind von Verben abgeleitet und treten als Paare auf. Einmal ist jemand aktiv langweilend, *boring*, ein andermal wird jemand passiv durch etwas gelangweilt, *bored*. Das aktiv Aufregende heisst *exciting*, der oder die Aufgeregte *excited*.

Infinitiv		**Aktives Mittelwort**		**Passives Mittelwort**	
shock	entsetzen	shocking	entsetzlich	shocked	entsetzt
bore	langweilen	boring	langweilig	bored	gelangweilt
annoy	ärgern	annoying	ärgerlich	annoyed	verärgert
surprise	überraschen	surprising	überraschend	surprised	überrascht
disappoint	enttäuschen	disappointing	enttäuschend	disappointed	enttäuscht
interest	interessieren	interesting	interessant	interested	interessiert
frighten	erschrecken	frightening	schrecklich	frightened	erschrocken
excite	erregen	exciting	spannend	excited	aufgeregt
tire	ermüden	tiring	ermüdend	tired	müde
embarrass	in Verlegenheit bringen	embarrassing	peinlich	embarrassed	verlegen

A Always or just now? — Setzen Sie die ersten Verben mit oder ohne *would* ein und passen Sie die zweiten Verben an, eventuell mit *to*.

0 (like) *Do* you *like* (try) *trying* exotic cuisines? — Yes. (like) *Would* you *like* (go) *to go* to the new Thai restaurant tonight? — No. (prefer) I *'d prefer* (stay) *to stay* home tonight. But I thought we could go tomorrow.

1 (like) .... you .... (have) .... a beer? — (2) No, thanks, I'm not thirsty. And I (not like) .... (drink) .... too much beer anyway. (3) I (prefer) .... water.

4 (like) .... Michelle .... (read) .... ? — (5) Oh, yes. She simply (love) .... it. — (6) Well, do you think she (like) .... (read) .... this here book? — (7) Erm, I'm not sure. I think she (prefer) .... (read) .... another book by Roald Dahl.

8 (love) ....n't you .... (be) .... on holiday now? — (9) What a question! I (always/enjoy) .... (go) .... on holiday. (10) And you know that (love) I still .... (travel) .... with you, Sweetheart.

11 (like) .... you .... (go) .... out for dinner tonight? — (12) Yes. (enjoy) .... you .... Indian food? (13) There's a new restaurant down in Bombay Street which (like) I .... (try) .... — (14) Oh no. My boss said she was going there tonight, and I (hate) .... (run) .... into her. (15) I (prefer) .... (go) .... to the Golden Dragon. (16) I have always (love) .... (eat) .... their tasty duck.

B What for? — Bilden Sie Fragen und Antworten bezüglich Zweck einer Handlung. Sie machen diese Übung am besten zu zweit.

0 Bäckerei → *What did you go to the baker's for?* —
Brot kaufen *To buy some bread.*

1 Bibliothek *What* .... *for?*
Buch ausleihen *To* ....

2 Bahnhof ....
meine Tante abholen ....

3	Post	....
	meine Rechnungen zahlen	....
4	Reisebüro	....
	Flug buchen	....
5	Lebensmittelladen	....
	Salz kaufen	....
6	Schwimmbad	....
	meinen Kilometer machen	....
7	Bank	....
	neues Konto eröffnen	....
8	Supermarkt	....
	Einkauf machen	....

C Dual use: Infinitive with *to* or gerund? — Setzen Sie die Verben in die passende Form.

1 Could you please remember (buy) .... some coffee?

2 Please don't forget (post) .... these letters.

3 I have never regretted (sell) .... those shares.

4 They stopped (talk) .... (look) .... at the newcomer.

5 Can you still remember (eat) .... your first oyster?

6 Do you remember (see) .... that film in Locarno?

7 I'll never forget (look) .... in her beautiful eyes the first time.

8 We regret (inform) .... you that net profit has decreased by 28%.

D Infinitive or gerund? — Setzen Sie die Verben in die passende Form und fügen Sie ***to*** ein, wenn nötig.

1 I'm looking forward (meet) .... you.

2 She advised him (take) .... the job.

3 She's not very keen on (play) .... golf.

4 I hope you don't regret (buy) .... this book.

5 Did the boss make you (work) .... on Saturday?

6 Would you mind me (open) .... the window?

7 She likes (ride) .... her bike, but she prefers (drive) .... (walk) ....

8 The teacher let us (leave) .... early the last time.

9 I asked them what they intended (do) ....

10 Is it really worth (learn) .... all these verbs?

11 I regret (inform) .... you that the turnover has stagnated this year.

12 Does anyone object (have) .... the break later?

13 My friend advised me (stay) .... a bit longer.

14 Can you imagine (go on) .... (work) .... all your life?

15 Could you manage (finish) .... the job before 5?

16 I'm getting used (have) .... (study) .... a lot for English.

17 I can't help (remember) .... that look of disbelief in her eyes.

18 Have you arranged (meet) .... the Japanese party at the airport?

19 It's not as easy (learn) .... English as I thought.

20 We should avoid (talk) .... about that. He's very sensitive.

21 They offered (keep) ....(supply) .... us this year.

22 Do you really wish (do) .... that? I don't think it's even worth (try) .... it.

23 I'd certainly hate (work) .... late shifts all the time.

24 Imagine (lie) .... on the beach under some palm trees now.

25 I don't object (discuss) .... the schedule with you this afternoon. I've got used (be) .... quite flexible in this job.

26 Would you mind me (refer) .... to our conversation?

27 Don't forget (buy) .... some fruit.

28 I can well remember (see) .... you the first time.

29 I'm sure I prefer (work) ....(sit) .... around and (twiddle) .... my thumbs.

30 She really enjoyed (meet) .... you, she said. And she's looking forward (see) .... you again.

31 He strongly advised me (take) .... the job.

32 I regret (let) .... you (know) .... that we can't risk (change) .... the plan of action. I don't think we can afford (waste) .... any time now.

33 They absolutely refused (negotiate) .... their terms.

E Verbs with Objects + *to* + the infinitive — Ergänzen Sie den zweiten Satz so, dass er eine ähnliche Bedeutung hat wie der erste. Benützen Sie das gegebene Wort in unveränderter Form sowie 1 bis 4 weitere Wörter.

1 Was it your wish that I should pay? **want**
Did you ______________________________ pay?

2 The guide instructed us about places for souvenir shopping. **told**
The ______________________________ go for souvenir shopping.

3 She must not tell everybody about this business. **want**
I do ______________________________ everybody about this business.

4 He said to me, 'I think you should buy real estate.' **advised**
He ______________________________ estate.

5 I said to Karin that I would be happy if she were more careful in future. **to**
I ______________________________ careful in future.

6 Could the secretary please type these letters for me? **like**
I ______________________________ type these letters for me.

7 They said, 'Why don't you come over and join us for a drink?' **to**
They ______________________________ and have a drink with them.

8 'More courage, Andy', I said, 'Go ahead and publish the book.' **go**
I ______________________________ and publish the book.

9 You won't have to do the cooking all alone. **help**
We'll ______________________________ cooking.

10 They told me about the time when I should start work. **to**
They ______________________________ work.

F Adverbs revisited — Setzen Sie die vorgegebenen Wörter als Adverbien oder Adjektive ein. Finden Sie dafür den besten Ort im Satz.

0 She speaks Spanish (fluent) *She speaks Spanish fluently.*
1 Please stop this. (immediate) ....
2 I saw a snake (sudden/enormous) ....
3 You look with your glasses (good/new) ....
4 He works (hard) ....
5 I don't start work (usual/early) ....
6 It seemed (absolute/impossible) ....

7 There can be surprises (sometimes/great) ....

8 I was (fortunate/very/patient) ....

9 Come up here (quick) ....

10 They can't see us (obvious/clear) ....

11 I'm that she looks (glad/happy) ....

12 He earns any money at all (hard) ....

G **Apostrophe** stehen entweder für fehlende Buchstaben (*aren't* – Apostroph statt *o*) oder für den Genitiv (Besitz anzeigender Fall).

Beim Genitiv steht in der Einzahl Apostroph und *s* →*'s* , aber
nur ein Apostroph nach einem Mehrzahl -*s*,
also heisst es zwar *Jim's car und the children's room*, anderseits aber *the boy**s'** room*.
Ergänzen Sie die Apostrophe. Wofür stehen sie? Fehlende Buchstaben oder Genitiv?

1 Is this the girls room?

2 Theyre happy that theres a party

3 Do you like rocknroll music?

4 Wheres the mens room please? — Around the corner, just opposite the ladies.

5 How much is this wine? — 6 pounds a bottle. — Thats not very cheap. — Yes, but youll never forget its taste.

6 Nelly says its time to leave. — Come on, its only ten minutes walk to the station.

7 Whose bikes are these? Are they theirs? — No, theyre ours.

8 Is that the Parkers car? — No, its my boyfriends.

9 Oh, youve got some new CDs.

10 Wheres the childrens shoes department?

H Translation — Bitte übersetzen Sie.

1 Wie schön, Dich zu sehen! ....

2 Sie verbrachte Stunden damit ....
fernzusehen. ....

3 Ich will heute abend nicht ausgehen. ....

4 Wir freuen uns darauf, Euch zu sehen. ....

5 Hätten Sie etwas dagegen, ...
wenn ich heute um 3 Uhr wegginge? ....

6 Ich möchte morgen skilaufen gehen. ....

7 Sie ist erpicht darauf, mit dir zu tanzen. ....

8 Bring' mich nicht zum Lachen! ....

9 Er schlug vor, in die Sauna zu gehen. ....

I Translation — Bitte übersetzen Sie.

1 Sie weigerte sich, (es) mir zu sagen. ....

2 Lass' mich jetzt fernsehen. ....

3 Lass' mich in Ruhe! ....

4 Haben Sie etwas dagegen, wenn ich rauche? ....

5 Ich hatte Angst, es ihnen zu sagen. ....

6 Hast du es geschafft, pünktlich zu sein? ....

7 Es lohnt sich nicht, dorthin zu gehen. ....

8 Das ist nicht leicht zu machen. ....

9 Ich will, dass du mir hilfst. ....

10 Er ermutigte sie zu bleiben. ....

45 Unreal Conditional Clauses — Irreale Bedingungssätze

In irrealen Bedingungssätzen stellen wir Überlegungen an, die auf etwas anderem als der Realität beruhen. Wir machen Aussagen darüber, was sein würde, wenn die Gegenwart anders wäre, als sie ist.

a Spekulationen mit would, Bedingungen in Vergangenheitsform

Beispiele

If I had the money, *(But I don't have it.)*	I would buy that computer. *(So I can't buy it.)*
They would be silly *(Actually, they are OK)*	if they didn't go to New York now. *(because, in fact, they are going.)*

In den beiden Beispielen steht *if* in Kombination mit der Vergangenheitsform für die unmögliche, irreale Bedingung (denn die Wirklichkeit ist anders). Die Spekulation, respektive der Gedanke, was dann sein würde, steht im Konditional, d.h. mit *would* und der Grundform.

Grundsätzlich unterscheidet sich dieses Muster nicht vom Deutschen, ausser dass im Deutschen bei vielen Verben der echte Konjunktiv gebräuchlich ist (*wäre, hätte, bräuchte, ginge* etc.)

b Ausnahme *to be*

Der Konjunktiv hat im Englischen bei allen Verben die gleiche Form wie die Vergangenheit — und ist deshalb äusserlich nicht mehr als Konjunktiv erkennbar. Die grosse Ausnahme ist *to be* — die Form *were* kann mit *allen Personen* als Konjunktiv verwendet werden.
Bei *I* und *he/she/it* darf aber auch *was* verwendet werden.

Beispiele

If I were you, (*Oder*: If I was you,)	I would ask her for a dance.
I would be unhappy	if he weren't coming to see me.

c Variante *should* statt *would*

In der ersten Person, d.h. bei *I* und *we*, darf statt *would* auch *should* verwendet werden — *would* ist aber häufiger.

d Höfliche Sprache mit *would*

Bedingungssätze mit *would* werden auch verwendet, um Aussagen weniger bestimmt und damit höflicher zu machen.

Beispiele

It would be nice if you helped me with the dishes.	Es wäre nett, wenn du mir beim Abwasch helfen würdest.
Would you mind if I left this till tomorrow.	Hätten Sie etwas dagegen, wenn ich das erst morgen erledigte?

e Andere Modalverben im Bedingungssatz — *could, might*

Auch andere Modalverben dürfen für das Spekulieren eingesetzt werden, insbesondere ***could*** für *dann könnte ich, dann wäre es mir möglich (=would be able to)* und ***might*** für *dann wäre es eventuell möglich, dann könnte es sein, dann würde vielleicht.* Das Wort *might* bedeutet etwa das gleiche wie *would perhaps*.

Beispiele

If I had more time, I could see you more often.	Wenn ich mehr Zeit hätte, könnte ich dich öfter sehen.
If you asked her, she might lend you the money.	Wenn du sie fragtest, würde sie dir das Geld vielleicht leihen.

➜ Weitere Verwendung von *might* → Kapitel 46.

46 Modal Auxiliary *might* — Modales Hilfsverb *might*

Das modale Hilfsverb *might* bezeichnet eine Möglichkeit. Das Hilfsverb *may* hat fast dieselbe Bedeutung, es bezeichnet eine *Fifty-fifty Chance (50%).*
Das Modalverb *might* bezeichnet eine kleinere Chance — etwa im Sinn: *Es ist nicht sehr wahrscheinlich, aber es wäre ja dennoch möglich.*

Beispiele

What flowers shall we buy for Pat? — I don't know. She might like roses.	Was für Blumen sollen wir für Pat kaufen? — Ich weiss nicht. Vielleicht mag sie Rosen.
I'm going to buy a lottery ticket. I might get very rich.	Ich werde einen Lotterieschein kaufen. Es könnte sein, dass ich sehr reich werde.

➜ Weitere modale Hilfsverben → Kapitel 33, Unit 8.

Englisch hat viele Verben, die sich aus zwei oder mehreren Ausdrücken zusammensetzen. Diese Verben sind besonders in der Umgangssprache verbreitet. In der formellen Briefsprache dagegen sind sie seltener anzutreffen.
Bei der Verwendung solcher Verben muss man auf die Wortstellung im Satz achten — wie das im Deutschen bei ähnlichen Ausdrücken auch der Fall ist.

Nun hängt diese Wortstellung davon ab, ob das Grundverb mit einer adverbiellen Partikel oder einer Präposition ergänzt wird, und das wiederum muss man lernen, durch Nachschlagen in einem guten Wörterbuch oder viel Übung und Wiederholung.

➜ *Vielleicht haben Sie dafür schon das richtige englische Sprachgefühl.*
Versuchen Sie doch zuerst einmal die Übung G in dieser Lektion. Wenn das gut geht, können Sie das Grammatikkapitel leichter wegstecken.
Studieren Sie aber dennoch die Tabellen zum Wortschatz.

a Nomen vor oder hinter Partikel, aber Pronomen vor Partikel

Switch the light **off** / Switch **off** the light. *Zwei Varianten im Englischen.*	Schalt' das Licht aus. *Nicht:* ~~*Schalt' aus das Licht.*~~

Bei Verben, die aus einem Grundverb und einer Partikel zusammengesetzt sind, haben wir zwei Möglichkeiten, solange das Objekt ein Nomen ist (*the light*).
Das Wort ***off*** ist eine adverbiale Partikel.

Ist aber das Objekt ein Pronomen oder Stellvertreter (*it*), so steht die Partikel hinter dem Objekt:

The TV annoys me. Switch it **off**. *Not:* ~~*Switch off it.*~~	Der Fernseher ärgert mich. Schalt' ihn aus. *Nicht:* ~~*Schalt' aus ihn.*~~

➜ Diese Grammatikerklärung ist etwas kompliziert. Lassen Sie sich nicht beirren. Mit etwas Zeit und Übung stellt sich der richtige Gebrauch schon ein.

→ Die folgenden mehrteiligen Verben haben adverbiale Partikel und gehören in diese Gruppe — eine Gelegenheit zum Testen und Erweitern Ihres Vokabulars:

blow up	explodieren, vergrössern
break off	abbrechen
bring up	aufwerfen (Frage), aufziehen
call up	anrufen
clean up	aufräumen, aufputzen
cut up	zerschneiden
fill in	ausfüllen (Formular)
give up	aufgeben, aufhören
look up	nachschlagen
pick up	aufheben, abholen, hören
put off	verschieben

put on	anziehen, veralbern
put out	(Feuer) auslöschen
switch on	einschalten
take off	ausziehen, abheben
take out	herausbringen, herausnehmen
throw away	wegwerfen
turn around	(sich) umdrehen
turn off	ausschalten
try on	anprobieren
try out	ausprobieren, versuchen
write down	aufschreiben

b Objekt immer nach Präposition

Who **looks after the children**? *Not:* ~~*Who looks the children after?*~~	Wer passt auf die Kinder auf?
Let's get off the bus here. Yes, let's **get off it**. *Not:* ~~*Let's get the bus off. Let's get it off.*~~	Steigen wir hier aus dem Bus. *Nicht:* ~~*Steigen wir hier den/dem Bus aus.*~~

→ Diese mehrteiligen Verben sind aus Grundverb und Präposition (*after / off*) zusammengesetzt. Das Objekt steht immer **nach** dieser Präposition.
Hier eine Wortschatzübung zum Thema *Verb + Präposition*:

ask for	bitten um
call at	anhalten in, (Ort) besuchen
call on	(Person) besuchen
get married to	sich verheiraten mit
get on with	auskommen mit, loslegen
go for	attackieren, losgehen auf
look after	sich kümmern um

look at	anschauen
look for	suchen
look forward to	sich freuen auf
look into	genau untersuchen
run into	zusammenstossen, antreffen
think of	halten von
wait for	warten auf

A Remember *if* and *when* ? — Setzen Sie das richtige Wort ein.

1	.... the train is on time	6	.... his grandparents die
2	.... the bus stops	7	.... the show is over
3	.... I win in the lottery	8	.... you miss the 7.05
4	.... she becomes President	9	.... they arrive before lunch
5	.... the night falls	10	.... school is out

B Bilden Sie Sätze mit *If I ..... I would / could ...., too / either.*
Am besten machen Sie diese Drillübung zu zweit und mündlich.
Als Vorbereitung können Sie *If* und die Verbformen aufschreiben.

0 She's a millionaire, so she spends her holidays in Bora-Bora.

➜ *If I was a millionaire, I'd spend my holiday in Bora-Bora, too.*

1 He's slim, and he looks great in jeans. *If I* .... *slim,* .... *great in jeans, too.*

2 She works hard and earns a lot. *If I* .... *hard,* .... *a lot, too*

3 He knows the boss, so he gets good jobs. ....

4 They can ski and they go to St Moritz. ....

5 He has a loving wife and he's happy. ....

6 She meets many people and she has a lot of friends. ....

7 Her husband takes the bike, so she can use the car. ....

8 They run 3kms a day, so they keep fit. ....

9 She doesn't work and has a lot of time. ....

10 He's rich and he doesn't worry about his job. ....

11 She must work and she's not here. ....

12 They can sing and they like folk songs. ....

C Setzen Sie die Vergangenheit oder *would / could / might* + Grundform ein.

1 If you don't take a good map, you (get) .... lost.

2 I don't think she (get) .... much money if she (sell) .... her old car.

3 If everybody (come) ...., ... there .... enough room in your house?

4 I'm afraid I ....n't even say yes if I really (want) .... to.

5 If only I ....n't have this exam! — Well, if I .... you I .... still take it, even if you know that you .... fail.

6 I (call) .... her up right now if I (know) .... her phone number.

7 .... you mind if I (put) .... this off till tomorrow?

8 I know that I (get) .... rich if I (buy) .... this lottery ticket. But I prefer investing in the stock market.

9 .... you help me move houses tomorrow? — Yes, I (like) .... to, you know, I certainly .... if I (not have) .... to work. However, erm, what about Saturday? ....n't you move then?

10 If you (listen) .... to me, you .... even understand this — who knows?

D Mixed verb forms — Setzen Sie positive oder negative Formen ein.

1 Where's Frank? — You never know - he .... still be at home.

2 What would you do if you .... £10,000 in the lotto?

3 If we ....n't have to work now, we would go on holiday.

4 Even if I wanted to I (can) ....n't lend you that much money.

5 .... you send me a postcard when you have arrived in New York?

6 They would be happier if they ....n't so lazy.

7 You can get it if you really .... (*wollen*).

8 My sister might visit us more often if she .... live so far away.

9 We .... go sailing tomorrow unless there .... any wind at all.

10 Buy that? You .... just as well throw your money out of the window.

E Ergänzen Sie den zweiten Satz so, dass er eine ähnliche Bedeutung hat wie der erste. Benützen Sie das gegebene Wort in unveränderter Form sowie 1 bis 4 weitere Wörter.

1 I understand, so I can do this exercise. **not**
If I ______________________________ not do this exercise.

2 He's not sure if he will really get married to Lucy. **not**
He ______________________________ Lucy.

3 Unless she orders the tickets in advance, she won't get any. **if**
She won't get any tickets ______________________________ them in advance.

4 Can you imagine losing your job? What decisions would you make? **if**
What would you ______________________________ your job?

5 He will lose no time informing you after finishing the work. **as**
He will inform you ______________________________ the work.

6 I want to see her, and that's why I'm waiting here. **be**
If I didn't want to see her I ______________________________ here.

7 She will soon come, and then we'll be able to leave. **unless**
We will soon be able to leave — ______________________________ come.

8 I can't understand her. She's offered a job like that, but then she won't take it. **offered**
If I ______________________________ like that, I would take it.

F Vocabulary: Multi-word verbs — Setzen Sie die passenden Wörter ein.

1 I'm sorry but we'll have to break .... the discussion. I have to leave.
2 Could you look .... the children while I'm gone?
3 Guess who I ran .... this afternoon!
4 How do you get .... your new neighbours?
5 What did you think .... the film?
6 Chin up! It's a good idea and you have to go .... it.
7 Oh, we can call .... you on our way to Bath.
8 I won't believe a word. I know you are putting me ....
9 Would you please fill .... this form here?
10 Did you really have to bring this .... in front of them?
11 Where did you pick .... this word?
12 I have a bad memory for phone numbers. I'll write it ....
13 Does this train call .... Baden?
14 Is the image too small? Shall I blow it .... a bit?
15 We should look .... this matter very carefully.

G Word order — Ersetzen Sie das Nomen durch ein Pronomen. Ändern Sie nötigenfalls die Wortfolge im Satz.

0	Switch off the radio.	➜	Switch it off.
1	Look up this word.		....
2	Look after the girls.		....
3	Get out of the car.		....
4	Get on with your boring speech.		....
5	Cut up the tree.		....
6	That was asking for trouble.		....
7	Clean up your room.		....
8	Pick the parents up at the airport.		....
9	I'm looking forward to seeing you.		....
10	What do you think of the manager?		....
11	I'll take off my jacket.		....
12	Don't throw away these shoes.		....

H Translation — Bitte übersetzen Sie.

1 Wenn ich eine Prinzessin wäre, ...
würde ich nicht zur Schule gehen. ....

2 Falls ich heute einkaufen gehe, ...
kaufe ich viel Schokolade. ....

3 Du bist vielleicht nicht gut ....
bei schnellen Entscheidungen. ....
Aber wäre es wirklich ein Vorteil, ...
wenn du schneller wärst? ....

4 Ich könnte eventuell ....
Englischlehrer werden. ....
Dann könnte ich immer ....
Englisch sprechen. ....

5 Sobald wir aufwachen, ...
beginnen unsere Träume ....
wegzuschmelzen. ....

I Translation — Bitte übersetzen Sie.

1	Ruf sie an!	....
2	Schau Dir dieses Bild an!	....
3	Wart' auf mich!	....
4	Deine Zigarette stinkt. Lösch' sie aus!	....
5	Geh und bitte den Chef darum!	....
6	Das ist eine interessante Diskussion.	....
	Wir können sie jetzt nicht abbrechen.	....
7	Meine Bankkonti?	....
	Max kümmert sich darum.	....
8	Wenn du alles wüsstest	....
	über das Rauchen,	....
	würdest du es heute aufgeben.	....

48 The Present Perfect Continuous — Verlaufsform der Vorgegenwart

Auch im *Present Perfect* gibt es eine *Progressive Form.* Sie unterscheidet sich im Gebrauch von der *Simple Form.* Die Form setzt sich zusammen aus *have / has* und *been* und der *–ing*-Form des Verbs.

(Einfaches *Present Perfect* → Unit 7, Kapitel 27).

a Construction — Bildung der Form

	Subjekt	Hilfsverb	Partizip	Hauptverb	
✔	I	have	been	working	all day.
	He	has	been	playing	the guitar for a long time now.
✗	We	haven't	been	watching	TV.
	She	hasn't	been	studying	much.

	Hilfsverb	Subjekt	Partizip		
?	Have	they	been	smoking	in here?
	Has	she	been	telling	lies again?
✗ ?	Haven't	you	been	seeing	Susan any more?
	Hasn't	he	been	staying	with you?

b Present Perfect Continuous Use — Gebrauch der Verlaufsform Perfekt

1 Noch andauernde Handlung

Die Verlaufsform der Vorgegenwart wird meist benützt, wenn wir über Handlungen sprechen, die bis jetzt andauern, besonders wenn wir sagen, wie lange sie schon dauern. *Achtung: Im Deutschen steht hier die Gegenwart!*

How long have you been waiting?	Wie lange wartest du schon?
I've been studying French for hours.	Ich bin schon seit Stunden am Französisch lernen.
She's been going with him for ages.	Sie geht schon eine Ewigkeit mit ihm.

➜ Einige Verben stehen nie in der *–ing*-Form, da sie keine Handlungen ausdrücken:

How long have you known her?	Wie lange kennst du sie schon?
How long have you been here?	Wie lange bist du schon da?
We've belonged to the club for ages.	Wir gehören seit Jahren zum Klub.

(→ Kapitel 5 b2, Kap. 3 und Kap. 27 b3)

2 Handlung, deren Ergebnis jetzt sichtbar ist — Ursache und Folge

Wir verwenden die Verlaufsform der Vorgegenwart für die Ursache, wenn wir erklären, dass ein jetziger Zustand direkt aus dieser bestimmten Handlung resultiert:

I'm tired because I've been working all day. She's sick because she's been eating too much cake. They're rich because they've been buying the best shares.	Ich bin müde, weil ich den ganzen Tag gearbeitet habe. Es ist ihr schlecht, weil sie zu viel Kuchen gegessen hat. Sie sind reich, weil sie die besten Aktien gekauft haben.

3 Handlung wichtiger als Resultat

Die Verlaufsform der Vorgegenwart wird auch dann benützt, wenn wir die Aktivität in den Vordergrund stellen wollen — manchmal auch, weil wir sie als lästig empfinden. *Achtung: Im Deutschen steht die Gegenwart!* — Die einfache Vorgegenwart dagegen drückt eher die abgeschlossene Aktivität und oft ein Resultat aus.

A: I've been typing letters all day. B: Really? How many have you typed?	Ich tippe schon den ganzen Tag Briefe. Wirklich? Wie viele haben sie getippt?
A: She's been watching TV since she came home. B: And has she done her homework yet?	Sie sieht schon fern, seit sie nach Hause gekommen ist. Und hat sie ihre Aufgaben schon gemacht?
A: I've been telling you I love you since we first met. B: But you have never asked me to marry you.	Ich sage dir immer wieder, dass ich dich liebe, seit wir uns kennengelernt haben. Aber du hast mich noch nie gebeten, dich zu heiraten.

➜ Weil die Verlaufsform die Handlung betont, ist sie in verneinten Sätzen seltener anzutreffen. Es ist ja ungewöhnlich, eine Handlung, die gar nicht stattgefunden hat, zu betonen.

49 How long? — For a long time. Gebrauch von *lange*

Die Übersetzung des deutschen Wortes *lange* heisst in Fragen und Verneinungen meistens nur *long*, in positiven Aussagen hingegen *a long time*.

?	How **long** has he known her **?**	Wie lange kennt er sie schon?
?	Have you been waiting **long ?**	Hast du lange gewartet?
✗	I did**n't** have to work **long.**	Ich musste nicht lange arbeiten.
✔	She's had that car **(for) a long time**.	Sie hat das Auto schon lange.

A Why is Jackie bored? — Setzen Sie die passende Form der Vorgegenwart ein. Am besten machen Sie diese Übung zu zweit. Schreiben Sie nur die Verbformen, aber sprechen Sie alles.

1	(be a secretary) ➜	*Jackie .... a secretary for 25 years.*
2	(type letters)	*She .... typing letters for 25 years.*
3	(make coffee for the boss)	*She's* ....
4	(write the minutes at every meeting)	....
5	(answer phones)	....
6	(file documents)	....
7	(send out invoices)	....
8	(update customer files)	....
9	(process sales figures)	....
10	(change address lists)	....
11	(check payrolls)	....
12	(order office material)	....
13	(buy flowers for the boss's wife)	....
14	(be in the same position)	....

B Remember: *already* or *yet*? — Setzen Sie bei den Punkten eines der beiden ein und ergänzen Sie bei den Strichen die Verben. Ein _ ist ein Buchstabe

1 Have you tr _ _ _ our latest model .... ?

2 I've .... _ _ _ _ the shopping.

3 No, I haven't _ _ _ _ that book ....

4 Have you _ _ _ _ the new Woody Allan movie .... ?

5 I know about it. I've .... be _ _ to _ _ everything.

6 She's .... _ _ _ _ the paper. You can have it.

7 Have you _ _ _ breakfast .... ?

8 We haven't f _ _ _ _ _ _ _ our dinner .... — I'll call you back.

9 Have they so _ _ many books .... ?

10 We have .... rec _ _ _ _ _ their mail-order catalogue.

11 She hasn't _ _ _ her licence ...., but she's .... b _ _ _ _ _ a car.

12 Haven't they dev _ _ _ _ _ _ the photos ....?

C Cause and effect — Ordnen Sie die Satzteile einander zu.

1	Aren't you tired?	____	Well, she's been studying hard all year.
2	Have you heard that Jim is in prison?	____	Well, I've been on holiday for two weeks.
3	You look very relaxed today.	____	You've also been eating all day.
4	Would you like a glass of wine?	____	No wonder. You've been frying steaks.
5	Your eyes are all red.	____	Well, I've been working in the garden.
6	Your jeans look dirty.	____	Yes, I've been watching TV all afternoon.
7	My glasses are oily.	____	That's because you haven't been using it.
8	I feel all dizzy.	1	Yes, I've been working for 12 hours now.
9	She's passed the exam.	____	You've been drinking a lot, too.
10	I've forgotten all my Russian.	____	I know. He's been shoplifting again.
11	Oh, dear, I'm full.	____	No, thanks. I've been drinking all evening.

D Trying to impress me? — Bilden Sie Sätze in der Verlaufsform, wenn das geht, oder sonst in der einfachen Form der Vorgegenwart.
Wählen Sie *since* oder *for* (→ Kapitel 28). Sie machen die Übung am besten zu zweit.

0	I live in Zurich now.	(10 years)	→ I *'ve been living* in Zurich *for* 10 years.
1	I eat oysters now.	(always)	*I've always* ....
2	I invest in Korean stock now.	(years)	....
3	My wife is blond now.	(Christmas)	.... *since* Christmas.
4	I have a pension scheme now.	(years)	....
5	I drive a Rolls now.	(I can remember)	....
6	I have a pool now.	(always)	....

7	I manage a company now.	(years)	....
8	I play golf now.	(I was a child)	....
9	I have a villa in Spain now.	(always)	....
10	I pay by credit card now.	(1986)	....
11	I work on the top floor now	(years)	....
12	I know the CEO's daughter now.		....
	(Insert your own verb with 4 letters →)		.... I _ _ _ _ to nursery school.

E *been* or *gone*? — Setzen Sie die Formen der Vorgegenwart ein.

He's been to the bank. ➜ *Er ist zur Bank gegangen (und wieder hier)*

She's gone for lunch. ➜ *Sie ist zum Mittagessen gegangen (und noch weg).*

1 Joe's not in. He's .... to the post office.

2 Oh, how good to see you, Chris! It .... really .... a long time. —

Right you are. Where .... you .... ?

3 Why's Suzy not at her desk? .... she .... to the stationer's?

4 I'm afraid there are no bagels. I ....n't .... to the deli yet.

5 That's a funny question. Of course I've .... to the bank.

6 Where's Claudia? No - don't tell me she .... to the toilet again. —

No, she .... out for lunch.

7 You've got quite a suntan. .... you .... on holiday?

8 There's nobody in the office. Everybody .... to the meeting.

9 Alice doesn't live here anymore. She's .... to Australia.

10 You look tired. .... you .... to the pub again?

F Positive and certain or not? — In Fragen und Verneinungen werden oft andere Wörter gebraucht als im positiven Satz. Setzen Sie die fehlenden Ausdrücke ein.

	Positive and certain	Negative	Question
1	I'd like *some* cake, please.	Sorry, there isn't .... left.	Have you got .... bread?
2	I've *already* done it.	I haven't typed it	Have you seen her ....?
3	She's known him for		Have you been here *long*?
4	He's got .... money.	I haven't got	How *much* have you got?
5	She's just .... bad as you.	It's not *so* fast as the plane.	Is it .... good as a BMW?
6	They've had their car		Have you had yours long?

➜ Tip: Es heisst auch in positiven Sätzen ***too** much*, ***too** many*, ***too** long*.

G Vocabulary: Word Families — Setzen Sie ein Wort in die Lücke, das sich vom links vorgegebenen Wort ableiten lässt. Passen Sie das Wort in den Satz ein, d.h. achten Sie auf grammatisch korrekte Formen!

1	**know**	Have you got a good working .... of French?
2	**employ**	Our company has roughly 70 ....
3	**discover**	There have been many scientific .... lately.
4	**ad**	Do you still work for an .... agency?
5	**accommodate**	Can you offer suitable .... near the school?
6	**develop**	There have been some interesting .... in car technology.
7	**rely**	Do you think the candidate is very .... ?
8	**value**	How long are these tickets .... ?
9	**hope**	...................................., we'll be back by 8 o'clock.
10	**use**	When I arrived, the house was .... quiet.
11	**advise**	If you want .... on the stock exchange, see one of our investment .... upstairs.
12	**argue**	We had a terrible .... over gene tech last night.
13	**way**	Have you .... done all your homework?
14	**care**	It looks awful. Who could type a letter so .... ?
15	**delight**	His Chinese noodle dish was absolutely ....

H Translation: *Past* vs. *Present Perfect*, *Simple* vs. *Continuous* — Bitte übersetzen Sie. Achten Sie auf die Zeiten!

1 Heathrow ist herangewachsen zu etwas wie einer Stadt. ....

2 Ich arbeite jetzt schon seit 9 Stunden. ....

3 Wann hast du angefangen ? ....

4 Womit warst du um 1 Uhr beschäftigt ? — Ich war am Mittagessen. ....

5 Bist du schon lange hier ? ....

6 Sie ist zur Bank (weg)gegangen. ....

7 Ist er schon mal nach Neapel gegangen ? ....

8 Ich habe diesen Teddybären, seit ich zur Welt kam. ....

9 Hast du das Wort *immer noch* vergessen ? ....

I Translation — Bitte übersetzen Sie. Beachten Sie die Zeiten.

1 Iris und Joel kennen sich, seit sie sich im Kindergarten getroffen haben. ....

2 Sie gehen schon lange miteinander. ....

3 Sie haben sich letztes Jahr verlobt. ....

4 Jetzt freuen sie sich auf ihre Hochzeit. ....

5 Sie haben schon alle Verwandten eingeladen. ....

6 Ihre Freunde werden auch da sein. ....

7 Am Tag nach der Hochzeit reisen sie in die Flitterwochen nach St. Tropez. ....

8 Das Hotel haben sie vor zwei Wochen gebucht. ....

9 Wenn sie dort eintreffen, werden sie ein Geschenk erhalten (*Passiv!*) ....

50 The Past Perfect — Die Vorvergangenheit

Wie das *Present Perfect* (→ Kapitel 27) wird auch das *Past Perfect* im Englischen nur mit einem Hilfsverb gebildet. Die Form ist immer *had*.
Dazu kommt wieder die dritte Form des Verbs, das Partizip Perfekt.

a Construction — Bildung der Form

✔	I you he she it we they	had	arrived	on an earlier train.
✗	I you he she it we they	hadn't even	been	shopping yet when I arrived for dinner.
?	Had	I you he she it we they	met	her before? It was hard to tell.
✗ ?	Hadn't	I you he she it we they	told	him before he left?

➜ Also: *I **had** been* (Ich **war** gewesen) und ~~**falsch**~~: ~~I was been~~.

b Use — Gebrauch

Was das *Present Perfect* für die Gegenwart ist, bedeutet das *Past Perfect* für die Vergangenheit.
Es dient dazu, Handlungen und Zustände in Geschichten darzustellen, die entweder
① vor dem Zeitpunkt der Erzählung stattgefunden hatten oder
② vorher begonnen und bis zum Zeitpunkt der Erzählung angedauert hatten (hier steht im Deutschen meist die Vergangenheit).

①	The dinner was excellent and she loved it. He had done a good job in the kitchen.	Das Essen war ausgezeichnet und sie liebte es. Er hatte in der Küche gute Arbeit geleistet.
②	She **had known** him for ages. Funny. And now she was falling in love with him.	Sie **kannte** ihn seit einer Ewigkeit. Seltsam. Und jetzt war sie dabei, sich in ihn zu verlieben.

51 Indirect Speech — Indirekte Rede

In Berichten über vergangene Gespräche oder Gedanken wird die indirekte Rede verwendet. Man nennt sie im Englischen deshalb auch oft *Reported Speech.* Meist steht eine Einleitung in der Vergangenheit, etwa *She told me ...* , *He said ...* oder *I thought ...* .

Was sich auf
① ***vor** dem Zeitpunkt in der Erzählung* bezieht, steht dann in der ***Vorvergangenheit***, was
② ***gleichzeitig*** der Fall war, steht in der ***Vergangenheit***, und was
③ ***nachher*** folgen würde, steht oft im ***Konditional** mit **would***.

①	They *had been* in kindergarten together,	Sie waren zusammen im Kindergarten gewesen,
②	and she *was* now so beautiful he *thought* when they *met* again at the university. Yet he *had* no idea that	und sie sei jetzt so schön, dachte er, als sie sich an der Uni wieder trafen. Dennoch hatte er keine Ahnung, dass
③	they *would get* married one day.	sie eines Tages heiraten würden.

a Reports: Statements / Questions — Berichte: Aussagen / Fragen

Statt mit den Begriffen *vorher, damals, später* in der Erzählung zu arbeiten, kann man auch die *Regeln* lernen, mit welchen eine direkte Aussage in einen Bericht umgearbeitet wird. Im Deutschen ist das sehr komplex, es werden zwei verschiedene Konjunktive gebraucht. Im Englischen gibt es aber ziemlich einfache Regeln, wie in den romanischen Sprachen:

	Original Words or Direct Speech	**Reported Words or Indirect Speech**
①	Have you forgotten me? *Present Perfect* ➜	I wondered whether she had forgotten me. *Past Perfect*
①	I tried to call you yesterday. *Past* ➜	I said I had tried to call her the day before. *Past Perfect*
②	You're unusually beautiful. *Present* ➜	I told her that she was unusually beautiful. *Past*
②	Can I get you a drink? *can* ➜	I asked her if I could get her a drink. *could*
②	You may not want to sit next to me. *may* ➜	I pretended she might not want to sit next to me. *might*
③	Will you dance with me? *will* ➜	I asked her if she would dance with me *would*

➜ Die Wörter *if* und *whether* sind indirekte Fragewörter. Die deutsche Übersetzung heisst *ob*.

b Reports: Requests etc. — Berichte: Wünsche etc.

Noch einfacher kann man über Wünsche und Aufforderungen berichten. Das tut man am besten mit Verben, die mit einer Grundform gebraucht werden können:

Original Words or Direct Speech	**Reported Words or Indirect Speech**
I won't tell anyone.	I *promised* **not to tell** anyone.
Don't worry.	I *told* her **not to worry**.
Can I get you a martini?	She *offered* **to get** me a martini.
I wouldn't try that tuna fish canapé.	She *advised* me **not to try** the tuna fish canapé.
All right, I'll give you a ride home.	She *agreed* **to give** me a ride home.
Kiss me.	She *asked* me **to kiss** her.

52 *Get* for changes — *Get* für Veränderungen

Das vielseitige englische Verb *get* wird unter anderem mit Adjektiven (*hungry, famous* etc.) oder Partizipien (*married, lost*) benützt, um Veränderungen wiederzugeben.
Merken Sie sich die folgenden Ausdrücke:

I'm getting hungry.	Ich bekomme Hunger.
Did you get lost?	Hast du dich verfahren?
When did they get divorced?	Wann liessen sie sich scheiden?
She was getting worried.	Sie begann, sich Sorgen zu machen.
OK. I'll go to my room and get changed.	Okay. Ich geh' ins Zimmer und zieh' mich um.
We got all wet in the rain.	Wir wurden ganz nass im Regen.
We are getting married in May.	Wir heiraten im Mai.
Come on. Get ready.	Los. Mach' dich bereit.
I could see he was getting angry.	Ich sah, dass er wütend wurde.
Get a move on. It's getting late.	Beeil' dich. Es wird spät.
It's getting harder.	Es wird schwieriger / härter.
Why don't you get undressed?	Zieh' dich doch aus!

A Unlucky Ms R. Able — Bilden Sie je zwei zusammenhängende Satzpaare, das erste mit Vorvergangenheit und Vergangenheit, das zweite mit Vergangenheit und *would*. Einige Verben gehören ins Passiv.

1 Ms R. Able (wake) woke up late because there (be) had been a power cut at night. She (not realise) didn't realise that there (be) would be no warm water for the shower.

2 When she (get) .... to the station, her train (leave) .... Then she (tell) .... that the next train (run) .... 20 minutes late.

3 A customer (phone) .... her five times already by the time she (arrive) .... at the office. And that customer (meet) .... her boss for lunch — she (know) .... that.

4 At 11 she (bring) .... him a cup of tea although he (ask) .... for coffee. That her computer (break) .... down within the next 15 minutes was something that she (not know) .... then.

5 At lunch, she (serve) .... salad even though she (order) .... vegetables. She didn't protest because she (have) .... no idea that she (find) .... a dead caterpillar drowned in the salad dressing.

6 When she (want) .... to pay she (find) .... that she (forget) .... her purse. Then she (can't) .... find her umbrella — it (steal/ *past perfect*) .... —, and she knew that five minutes later it (start) .... raining.

7 She (arrive) .... back at the office all wet only to remember that everybody (give) .... the afternoon off because it was the boss's birthday. She (never forget) .... that day, she (be) .... sure of that!

B Transformations — Bilden Sie die indirekten Redesätze.

1 'She loses her head easily.' He said that .... head easily.

2 'They will come.' She said .... come.

3 'This feels good.' He said that .... good.

4 'He sees her every day.' They told me that he .... her every day.

5 'You must wash your hair.' Mother told me .... hair.

6	'You're afraid.'	He thought .... afraid.
7	'Don't drink too much.'	My friend told me .... too much.
8	'I threw the ball 50 meters.'	She said .... the ball 50 meters.
9	'They can stay.'	He said that ....
10	'Don't forget me.'	She asked me ....
11	'I won't believe this.'	The boss said .... that.
12	'They were in Paris in July.'	They said .... Paris in July.
13	'He does the shopping.'	She was saying that .... the shopping.
14	'Go home.'	She ordered me .... home.
15	'They're tired.'	He said that they .... tired.

C Transformations — Bilden Sie die indirekten Redesätze.

1	'She showed me her flat.'	He said that .... her flat.
2	'Then he shut the door.'	She told us .... the door.
3	'She always wears jeans.'	My friend told me .... jeans.
4	'He will understand.'	I said ....
5	'They didn't say a word.'	She reported that .... a word.
6	'I was in Rome last year.'	Our agent said .... Rome the year before.
7	'I must work tomorrow.'	Dad said that .... the day after.
8	'Susan set the table.'	Mother told me that .... the table.
9	'He won't help you.'	My sister was afraid that ....
10	'My left eye hurt terribly.'	She said that .... terribly.
11	'I don't like beer.'	Betty said .... beer.
12	'He rides the bike to school.'	She said .... the bike to school.
13	'I ate the whole cake.'	My sister said .... the whole cake.
14	'Don't do that again.'	My boss told me .... again.
15	'You're really cute.'	Jack told Debbie that .... cute.

D Writing A Report — Setzen Sie die richtigen Zeiten ein.

16 Sep 1998 22, Court St., Bath BA1 2QQ

Dear Manuel

You won't believe what (happen) .... to me last night. When I (be) .... at the cinema, this woman (start) .... talking to me. She was very attractive, too, and I (can) .... feel that she really (like) .... me. She told me she (never meet) .... anyone like me before, and she (think) .... I (have) .... something she (never see) .... before.

I (try) .... to keep cool and only said, 'Oh, do you think so?' Next she (ask) .... me if I (can) .... give her a ride home. But I said I (not know) .... because I (may) .... have to take some friends.

I then (go) .... to the bar and she (ask) .... me (buy) .... her a drink. She told me she (be) .... a refugee and that she (look) .... for work here in GB. She (want) .... to know if I (be) .... American, and I (say) .... yes. She wondered whether I (will) .... go back home soon because she (want) .... to see me again.

At that time the second half of the movie (come) .... on and we (go) .... in to see it. It was after only five minutes that I (feel) .... something was wrong. Well, then I (notice) .... that she (leave) ....
After the movie was over I suddenly (realise) .... that my wallet (steal) ....
Now you'll probably say . . . — How could I ever have believed her story, when she had that clearly native British accent?

E Ergänzen Sie den zweiten Satz so, dass er eine ähnliche Bedeutung hat wie der erste. Benützen Sie das gegebene Wort in unveränderter Form sowie 1 bis 4 weitere Wörter.

1 'You can have a beer if you want to.' **offered**
She ______________________________ beer.

2 'She sleeps late in the morning.' **that**
Her husband said _________________________________ late in the morning.

3 ‘They’ll soon be here.’ **told**

I was ____ there.

4 ‘Politicians shake hands very often.’ **stated**

My friend ______________________________________ hands very often.

5 ‘They were watching TV last night,’ Max said to me. **been**

Max informed me ________________________________ TV the night before.

6 She said to me, ‘Yes, you can smoke in here.’ **me**

She ________________________________ in the living room.

7 ‘Is he altogether crazy now?’ **if**

She asked us _______________________________ altogether crazy now.

8 ‘I also went to Kunming two years ago.’ **had**

She said that ____________________________ Kunming two years before.

9 ‘I won't eat my soup!’ **refused**

He ______________________________________ his soup.

10 ‘Where are the keys?’ **know**

She wanted to ____.

11 She said to me, ‘Why don't we go to the cinema?’ **suggested**

She _______________________________________ the cinema.

12 ‘What are you going to do?’ **them**

I asked ___________________________________ going to do.

F Translation — Bitte übersetzen Sie.

1 Er sagte, er bekomme Hunger. ....

2 Ich fragte mich, ...

wieso ich mich verfahren hatte. ....

3 Er sagte, ich solle mich beeilen, ...

weil es spät werde. ....

4 Sie sagte, sie bekomme allmählich kalt. ....

5 Ihre Eltern hatten sich scheiden lassen, ...

bevor sie zweijährig war. ....

6 Er fragte sich, ob sie jemals erwachsen werden würde. ....

7 Ich konnte sehen, dass sie nervös wurde. ....

8 Sie sagte, ich solle mich bereit machen. ....

G Translation — Bitte übersetzen Sie.

1 Sie gaben zu, dass es Probleme gebe. ....

2 Er erklärte, der Zug sei noch nie verspätet gewesen. ....

3 Sie riet ihm, er solle nicht verkaufen. ....

4 Ich fragte sie, wohin sie reise. ....

5 Ich fragte mich, ob sie mich vergessen habe. ....

6 Sie hatten keine Ahnung, dass es am nächsten Tag einen Börsensturz geben würde. ....

7 Ich fragte, wann der letzte Zug fahre. ....

8 Sie wollte wissen, ob sie mit der Kreditkarte zahlen könne. ....

9 Sie sagte mir, sie werde allmählich müde und sie wolle nach Hause gehen. ....

10 Er erzählte mir, dass er eventuell eine neue Stelle bekommen könnte. ....

☞ *Es folgt eine zwar nicht vollständige, aber ziemlich umfassende Liste unregelmässiger englischer Verbformen. Die wichtigsten Verben für die Lernstufen Elementary und Pre-Intermediate sind kursiv gesetzt. Das Zeichen* ᴿ *nach der Grundform bedeutet, dass dieses Verb auch mit regelmässigen Formen vorkommt.*

be (am, are, is)	*was/were*	*been*	*sein*
bear	bore	borne	(er-)tragen
		born	geboren
beat	beat	beat	(wiederholt) schlagen
become	*became*	*become*	*werden*
begin	*began*	*begun*	*beginnen*
bend	bent	bent	beugen
bet	bet	bet	wetten
bind	bound	bound	binden
bite	bit	bitten	beissen
bleed	bled	bled	bluten
blow	*blew*	*blown*	*blasen*
break	*broke*	*broken*	*(zer-) brechen*
breed	bred	bred	aufziehen, züchten
bring	*brought*	*brought*	*bringen*
build	*built*	*built*	*bauen*
burn ᴿ	*burnt*	*burnt*	*(ver-)brennen*
burst	burst	burst	bersten, platzen
buy	*bought*	*bought*	*kaufen*
can	*could*	*been able to*	*können, imstande sein*
cast	cast	cast	werfen
catch	*caught*	*caught*	*fangen, erwischen*
choose	*chose*	*chosen*	*wählen*
cling	clung	clung	sich (an-)klammern
come	*came*	*come*	*kommen*
cost	*cost*	*cost*	*kosten*
creep	crept	crept	kriechen, schleichen
cut	*cut*	*cut*	*schneiden*
deal	dealt	dealt	(aus-)teilen, handeln
dig	dug	dug	graben
do	*did*	*done*	*tun, machen*
draw	*drew*	*drawn*	*ziehen, zeichnen*
dream ᴿ	*dreamt*	*dreamt*	*träumen*
drink	*drank*	*drunk*	*trinken*

drive	*drove*	*driven*	*treiben, autofahren*
dwell	dwelt	dwelt	wohnen, verweilen
eat	*ate*	*eaten*	*essen*
fall	*fell*	*fallen*	*fallen*
feed	fed	fed	füttern
feel	*felt*	*felt*	*(sich) fühlen*
fight	*fought*	*fought*	*kämpfen*
find	*found*	*found*	*finden*
flee	fled	fled	fliehen
fling	flung	flung	schleudern
fly	*flew*	*flown*	*fliegen*
forbid	forbade	forbidden	verbieten
forget	*forgot*	*forgotten*	*vergessen*
forgive	forgave	forgiven	vergeben
forsake	forsook	forsaken	aufgeben
freeze	froze	frozen	(ge-)frieren
get	*got*	*got*	*bekommen, erhalten, werden etc.*
give	*gave*	*given*	*geben, schenken*
go	*went*	*gone*	*gehen*
grind	ground	ground	mahlen
grow	*grew*	*grown*	*wachsen, anbauen*
hang	hung	hung	hängen (things)
	hanged	hanged	hängen (people)
have	*had*	*had*	*haben etc.*
hear	*heard*	*heard*	*(an-) hören*
hide	hid	hidden	(sich) verstecken
hit	*hit*	*hit*	*treffen, schlagen*
hold	*held*	*held*	*halten*
hurt	*hurt*	*hurt*	*verletzen, wehtun*
keep	*kept*	*kept*	*(be-)halten, fortfahren*
know	*knew*	*known*	*wissen, kennen*
lay	laid	laid	legen
lead	*led*	*led*	*leiten, führen*
learn [R]	*learnt*	*learnt*	*lernen, erfahren*
leave	*left*	*left*	*abfahren, weggehen, (ver-/zurück-) lassen*
lend	*lent*	*lent*	*leihen*
let	let	let	(zu-) lassen
lie	lay	lain	liegen

(lie	lied	lied	lügen)
light [R]	lit	lit	(be-)leuchten, anzünden
lose	*lost*	*lost*	*verlieren*
make	*made*	*made*	*machen, herstellen*
mean	*meant*	*meant*	*meinen, sagen wollen, bedeuten*
meet	*met*	*met*	*(sich) treffen*
must	*had to*	*had to*	*müssen*
pay (for)	*paid*	*paid*	*zahlen*
put	*put*	*put*	*legen, stellen, hintun*
read	*read*	*read*	*lesen*
ride	*rode*	*ridden*	*reiten, (mit-)fahren*
ring	*rang*	*rung*	*läuten*
rise	*rose*	*risen*	*sich erheben, steigen*
run	*ran*	*run*	*laufen, betreiben*
say	*said*	*said*	*sagen*
see	*saw*	*seen*	*sehen*
seek	sought	sought	suchen
sell	*sold*	*sold*	*(sich) verkaufen*
send	*sent*	*sent*	*schicken, senden*
set	set	set	setzen, einstellen
shake	shook	shaken	schütteln, zittern
shed	shed	shed	ausgiessen
shine	shone	shone	scheinen, glänzen
shoot	shot	shot	(er-) schiessen
show	*showed*	*shown*	*zeigen*
shrink	shrank	shrunk	(ein-)schrumpfen
shut	*shut*	*shut*	*(dicht) schliessen*
sing	*sang*	*sung*	*singen*
sink	*sank*	*sunk*	*sinken*
sit	*sat*	*sat*	*sitzen*
slay	slew	slain	erschlagen, umbringen
sleep	*slept*	*slept*	*schlafen*
slide	slid	slid	gleiten
sling	slung	slung	schleudern
slit	slit	slit	schlitzen
smell [R]	smelt	smelt	riechen
speak	*spoke*	*spoken*	*sprechen*
spend	*spent*	*spent*	*ausgeben, aufwenden, verbringen*

spit	spat	spat	spucken, speien
split	split	split	spalten, sich trennen
spoil [R]	spoilt	spoilt	verderben, verwöhnen
spread	spread	spread	(aus-)breiten
spring	sprang	sprung	springen
stand	*stood*	*stood*	*stehen*
steal	*stole*	*stolen*	*stehlen*
stick	stuck	stuck	kleben, (hin-)stecken
sting	stung	stung	stechen
stink	stank	stunk	stinken
stride	strode	stridden	schreiten
strike	struck	struck	schlagen
string	strung	strung	spannen
strive	strove	striven	streben
swear	swore	sworn	schwören, fluchen
sweep	swept	swept	fegen
swim	*swam*	*swum*	*(aktiv) schwimmen*
swing	swung	swung	schwingen
take	*took*	*taken*	*(auf-) nehmen, hin-bringen, Zeit brauchen*
teach	*taught*	*taught*	*lehren, beibringen*
tear	*tore*	*torn*	*reissen*
tell	*told*	*told*	*erzählen, sagen*
think	*thought*	*thought*	*denken, meinen*
thrive	throve	thriven	gedeihen
throw	*threw*	*thrown*	*werfen*
thrust	thrust	thrust	heftig stossen
understand	*understood*	*understood*	*verstehen*
wake (up)	*woke*	*woken*	*wecken, erwachen*
wear	*wore*	*worn*	*am Körper tragen*
weave	wove	woven	weben
weep	wept	wept	still weinen
wet [R]	wet	wet	anfeuchten
win	*won*	*won*	*gewinnen*
wind	wound	wound	(auf-) winden
wring	wrung	wrung	wringen
write	*wrote*	*written*	*schreiben*

Index

Kapitel	Kapitel Nummer	Seite
(a) few – (a) little	10	28
a / an	11	29
AcI-Konstruktion	42d	107
adjectives from participles	44	109
Adverbien	31	62
adverbs	31	62
Aktualitätsform der Gegenwart	4	3
Apostrophe	U12/G	114
articles	11	29
been or *gone?*	U14/E	129
be going to	21	40
Bedingungssätze 1	35	80
Bedingungssätze 2	45	116
Can I?	12	31
comparisons	24	50
conditional clauses 1	35	80
conditional clauses 2	45	116
contact clauses	32	64
Could I?	12	31
Einfache Gegenwart	5	11
Einfache Vergangenheit	7	19
Einfache Vorgegenwart	27	57
Entscheidungsfragen	1	1
Fragen mit Präpositionen	39	90
Fragen nach Subjekt und Objekt	38	90
Fragewort *Wie*?	23	50
Fragewörter	2	2
future forms	19	40
gerunds (1)	17	39
gerunds (2)	42a	104
get for changes	52	134
get für Veränderungen	52	134
have – have got	6	14
have to	33c	73
Höfliche Bitten	12	31
how long – for a long time	49	126
if – when	36	81
indirect speech	51	133
Indirekte Rede	51	133
Infinitiv des Zwecks	43	109
infinitive of purpose	43	109
-ing-Form in Konstruktionen	17	39

Kapitel	Kapitel Nummer	Seite
Kurzantworten (1)	3	3
Kurzantworten (2)	30	62
lange	49	126
lassen	42b	106
'll für spontane Hilfe	13	32
make and *do*	U8exG	77
Mehrteilige Verben	47	118
Mehrzahlformen	14	32
Mengenangaben	10	28
might	46	117
modal verbs	33	71
Modalverben	33	71
much – many – a lot	10	28
multi-word verbs	47	118
must	33a4	72
mustn't	33a5	72
nicht wahr?	40	91
Partizipien als Adjektive	44	109
Passiv	41	97
passive voice	41	97
past continuous tense	8	20
past perfect tense	50	132
past simple tense	7	19
person + to + infinitive	42d	107
phrasal verbs	47	118
plural of nouns	14	32
present continuous tense	4	3
present perfect – past tense	29	60
present perfect continuous tense	48	125
present perfect simple tense	27	57
present simple tense	5	11
quantifiers	10	28
question tags	40	91
Question words	2	2
questions with prepositions	39	90
relative clauses, defining	25	52
relative clauses, non-defining	26	53
Relativsätze ohne Pronomen	32	64
Relativsätze, ausmalend	26	53
Relativsätze, definierend	25	52
reported speech	51	133
Shall I? Shall we?	22	43

Kapitel	Kapitel Nummer	Seite
short answers (1)	3	3
short answers (2)	30	62
should	33b	73
since – for	28	59
some – any etc.	9	27
Steigerung	24	50
subject and object questions	38	90
the	11	29
to + Infinitiv (1)	16	38
to + Infinitiv (2)	42c	106
used to	37	89
verb patterns (1)	15	38
verb patterns (2)	42	104
Verbalnomen	42a	104
Verben mit mehr Wörtern	47	118
Verben mit zwei Konstruktionen (1)	18	39
Verben mit zwei Konstruktionen (2)	42e	107
Verbkonstruktionen (1)	15	38
Verbkonstruktionen (2)	42	104
Vergangenheit, Verlaufsform	8	20
Vergleichsformen	24	50
Vorgegenwart und Vergangenheit	29	60
Vorgegenwart, Verlaufsform	48	125
Vorvergangenheit	50	132
what – which	2b	2
What ... like?	23	50
will für spontane Entscheide	20	40
will	34	80
will + when/if	35	80
writing an argument	U9exF	85
Yes/No Questions	1	1
zählbar – unzählbar	10	28
Zeitsätze	35	80
Zukunftsformen	19	40

Letters

An informal letter	Keeping a friend up-to-date	U1exF	9
An informal letter	Letter from a holiday	U5exJ	49
A formal letter	Writing a complaint	U7exG	69
A semi-formal letter	Making an appointment	U8exH	78

Leichter lernen mit der Lernkartei

- *Die einfache, motivierende und sympathische Lernmethode, mit der Sie sich jeden Wissensstoff systematisch und zeitsparend einprägen können.*

- Lernen mit Spass
- Fördert die Konzentration
- Sofortige Lernkontrolle
- Unmittelbare Erfolgserlebnisse
- Individuelle Gestaltung des Lerntempos
- Kein «Überlernen»; man lernt nur das, was noch nicht «sitzt».

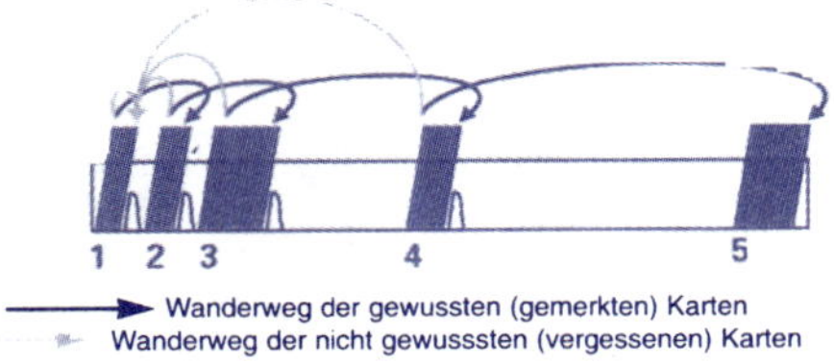

So arbeiten Sie mit der Lernkartei:

Jede gemerkte Karte kommt ins nächste Fach, nicht gewusste Karten kommen ins Fach 1 zurück. Am Schluss hat jede Karte alle Fächer durchlaufen – und die Vokabeln haben sich in Ihrem Langzeitgedächtnis eingeprägt.

Lernkartei «Englisch»

500 Lernkarten Englisch/Deutsch, Preis Fr. 50.–, inkl. Lernbox
– zur Vorbereitung der mündlichen Lehrabschlussprüfung (LAP) für kaufmännische Angestellte
– zum Üben auf das Cambridge First Certifikate (FCE)

Verfasserin: Gerda Myers, Englischlehrerin
In den Lernkarten finden Sie

- eine Auswahl von *Themen* und den dazugehörenden Wortschatz,
- *Ideen* für das Vorgehen bei der Prüfungsvorbereitung,
- Anleitungen zur *Prüfungstechnik* (wie bereitet man sich vor, wie verhält man sich an der Prüfung?) sowie
- viele *Muster- und Beispielsätze.*

Lernkartei «Französisch»

400 Lernkarten Französisch/Deutsch, Preis Fr. 40.–, inkl. Lernbox
zur Vorbereitung des Prüfungsteils Französisch «Diktat» der LAP für kaufmännische Angestellte

Verfasser: Marino Cappellin, Sprachlehrer
Die Lernkartei Französisch enthält

- die geläufigsten *Ausdrücke aus der Geschäftssprache* (gemäss Fachwortliste der Zentralprüfungskommission der LAP), die an der LAP für kaufmännische Angestellte für den Prüfungsteil «Diktat» in Bedeutung und Rechtschreibung bekannt sein sollen.
- Um die Vokabeln im Zusammenhang zu verstehen, steht auf jeder Karte ein *Beispielsatz.*

Im Sortiment des hk Verlages finden Sie weitere Lernkarteien zu Schulfächern und zur Branchenkunde sowie Lehrmittel zur Repetition und Prüfungsvorbereitung.

Bezug im Buchhandel oder direkt beim
hk Verlag, Talstrasse 15, 8620 Wetzikon, Tel. 01 930 78 58, Fax 01 930 49 31

Preisänderungen vorbehalten.

Christoph Hohl

Der Dito
Die beste Lernhilfe.

ENGLISCHE GRAMMATIK 2

NEUE AUSGABE

Lernstufe
Pre-Intermediate
für individuelles Lernen

Der Dito.
Die beste Lernhilfe

Bezug
im Buchhandel oder

Schweiz:
Dito Verlag, M. Hohl, Lägernstr. 20
CH-5400 Baden
Tel und Fax: +41 (0) 56 221 52 42

Deutschland und Österreich:
BDK Bücherdienst Köln,
D-51111 Köln
Tel +49 (0) 2203 1002-0
Fax 1002-87

Auflage 2000

ISBN 3-9521442-1-5

Hinweis zu den Lösungen

➜ Bei Übersetzungen kann das Deutsche oft auf verschiedene Weise ins Englische übertragen werden. Betrachten Sie besonders bei Übersetzungen das hier Gedruckte als Vorschlag. Auch bei anderen Übungen kann es sein, dass mehrere Varianten möglich sind. Fragen Sie im Zweifelsfall eine Lehrkraft oder Bekannte, die sehr gut Englisch sprechen.

Unit 1

A Which word — What or which? — Setzen Sie ein.

1	what	2	What	3	What	4	Which
5	What , what	6	which	7	What	8	which
9	What	10	Which	11	What (Which)	12	which

B Questions — Fragen Sie nach dem unterstrichenen Ausdruck.

1	*What colour* is her hair?	2	What languages does she speak?
3	When did he do his homework?	4	What's your boss like?
5	Where does she work?	6	Why are you learning English?
7	What (sort of) people are your parents?	OR:	What are your parents like?
8	How does he go (travel) to work?	9	Why are you waiting for me?
10	What colour is her bicycle?	11	What (sort / kind of) books do you read?
12	When did she do the final exam?	13	How is your mother?
14	Who did you see yesterday?	15	How often do you go swimming?
16	Which (one) does he want?		

C Spelling — Schreiben Sie die Form mit *-ing*. Können Sie die Verben übersetzen?

1	planning	planen	2	paying	zahlen
3	lying	liegen, lügen	4	compelling	zwingen
5	mentioning	erwähnen	6	offering	anbieten
7	queuing	Schlange stehen	8	developing	(sich) entwickeln
9	losing	verlieren	10	referring	sich beziehen
11	crediting	gutschreiben	12	remitting	(Geld) überweisen

D Dynamic or static?

1	✓ abwaschen	2	✗ glauben, meinen	3	✗ verstehen	4	✓ geniessen, gern tun
5	✓ Spass haben	6	✗ mögen	7	✗ gehören	8	✗ brauchen, benötigen
9	✗ wollen	10	✓ sitzen	11	✗ vorziehen, lieber machen		
12	✓ sprechen	13	✓ werden, erhalten	14	✗ darauf ankommen		
15	✗ annehmen, vermuten			16	✓ frühstücken	17	✗ besitzen

E Vocabulary: Jobs.

1	nurse is washing	2	farmer is driving	3	photographer is taking
4	gardener is cutting	5	auto mechanic is trying	6	waitress is bringing
7	doctor is examining	8	bank clerk is remitting	9	shop assistant is selling
10	engineer is developing				

F Writing an informal letter.

1	Dear	2	Thank	3	want	4	believe
5	will change	6	am	7	take	8	I'm working
9	is	10	stay	11	I type	12	make
13	I'm also booking	14	taking	15	I'm just dying	16	is also telling
17	to take	18	he's now looking	19	ringing	20	hope / want
21	Write						

G An Informal Letter — Bitte beantworten Sie die Fragen zum Text.

1 Name
2 Dear
3 vermutlich 1
4 Freundinnen
5 Bedankt sich / Gratuliert / Antwortet
6 a
7 Wie es ihr gerade geht
8 Ferien
9 Ferienabmachung
10 Ja: *I'm / he's* etc.
11 *I just want to / I'm dying for ... / Love*
12 *Yours sincerely, Yours faithfully*

H Translation — Bitte übersetzen Sie.

1 Why aren't you happy?
2 Which way shall we go / walk?
3 What (sort/kind of) books do you read?
4 Hello Jim! What are you doing here?
5 When did they leave?
6 How many people were there?
7 What colour is your motorbike?
8 What size are you? / What size do you take?
9 Whose money is this / that?
10 Which hand do you write with?

I Translation — Bitte übersetzen Sie.

1 We're having lunch. Come (on) in and sit (down) with us / join us.
2 I think/believe it's a good idea. — And I'm still thinking about it.
3 They're developing a new programme/program now.
4 I'm dying to see you.
5 I'm not mentioning this to hurt you.
6 The biro/pen belongs to the waitress
7 I assume/suppose you're a nurse.
8 The engineer doesn't want to see her/them now.

Unit 2

Unit 2

A *is* or *has*? — Schreiben Sie die abgekürzten Formen aus.

1	is	2	is	3	has	4	is	5	has	6	is
7	is	8	has	9	is	10	is	11	has	12	is

B *pays, pais* or *paies?* — Schreiben Sie die Verben in der dritten Person Einzahl.

1	pays	2	misses	3	tries	4	dies	5	helps	6	spies
7	offers	8	watches	9	does	10	says	11	plans	12	carries
13	has	14	goes	15	can	16	is				

C Activity or not? — Setzen Sie die Gegenwartsformen der Verben ein.

1 are you looking 2 looks 3 Do you see 4 'm feeling / 'm seeing
5 are all feeling 6 don't know / 'm thinking 7 'm listening
8 are having / don't have / also have
➜ ***have to** im letzten Satz heisst **müssen**. Es wird nicht mit **-ing** verwendet.*

D Simple or Continuous? — Setzen Sie die Gegenwartsformen der Verben ein.

1 often wear / 'm not wearing
2 's playing / doesn't play / 's having / wants
3 are you doing / 'm making
4 is trying / doesn't cook / is having / wants
5 don't usually work / are doing
6 think / is leaving / Doesn't he like / does ...
... understand / wants / is flying
7 do you get / usually go / is using / 'm taking
8 Does this wallet belong
9 doesn't matter
10 leaves
11 Do people wear
12 does your sister do / is training

E Vocabulary: Furniture — Setzen Sie Wörter ein oder vervollständigen Sie.

1 liv**ing** / sit**ting** / comfort**able** / arm**chair** / lying / so**fa** / cei**ling** / maga**zines** / ta**ble** / **one** / car**pet** / **floor**
2 w**alks** / books**helf** (books**helves**) / t**akes** / **at** (into) / w**indow** / **leaves**
3 be**dr**oom / **light(s)** / **stereo** / **sits** / **desk** / writ**ing** / **door** / cu**pboard** / **wall** / **chest**
4 kit**chen** / **to** / **cup** / **dishes** / **sink** / **fridge** / **hears**

F Link Words — Ordnen Sie die Sätze einander zu.

2 g 3 f 4 j 5 h 6 a 7 d 8 e 9 c 10 b

G Translation — Bitte übersetzen Sie.

1 Get up. We're having breakfast.
2 We don't usually go to bed late.
3 Does that student (over there) belong to our group?
4 Oh, that doesn't matter now.
5 We're having a party tonight/this evening
6 Have you got / Do you have some water for me please?
7 Does she want to leave now?
8 Do they own a flat now?
9 (Now) I'm getting hungry (now).

H Translation — Bitte übersetzen Sie.

1 Keep straight on.
2 Turn left. (➜*Ausrufezeichen nicht nötig!*)
3 It's easy/simple: I put the bread into the toaster, I press the button (down) and I wait.
4 What are you doing here? — Well, I'm just sitting here.

I Translation — Bitte übersetzen Sie.

1 I prefer French to Spanish although/even though I don't like the teacher.
2 I'm feeling very tired today. Yet/Still/And yet we have to get up.
3 It's raining, but I don't want to stay in/indoors.
4 The ceiling is very dark, so we have to/must paint it.

Unit 3

Unit 3

A Vocabulary: look + prepositions — Setzen Sie die passende Präposition zu *look*.

1 at 2 forward to 3 up 4 after 5 out 6 for 7 into

B Vocabulary: Prepositions — Setzen Sie die Präpositionen ein, wenn nötig.

➜ *Machen Sie von den Ausdrücken, die Sie nicht wussten, Kärtchen zum Lernen.*

1 Ø (leer) / after
2 at / at
3 to / in / during / for
4 for / for
5 with / on / with
6 of / to / on / for
7 for (at, with) / in
8 to / at (on)
9 at / on / in / Ø (leer)
10 During / for
11 forward to / Ø (leer)
12 During / up / in / for / on / on / at / of / at

C Spelling — Schreiben Sie die Vergangenheitsformen.

1 hurt
2 couldn't
3 planned
4 found
5 wanted
6 offered
7 laughed
8 preferred
9 credited
10 developed
11 played
12 fell
13 caught
14 hit
15 chose
16 tried
17 flew
18 stopped
19 had to
20 paid

D Questions — Bilden Sie Entscheidungsfragen. Beachten Sie die Zeiten!

1 *Were* they at home?
2 Did *you* lose any money?
3 Did she have lunch at 12?
4 Does she like beer?
5 Did she cut your hair?
6 Could he understand?
7 Did you (we) arrive on time?
8 Was there any rain?
9 Did you wake up early?
10 Has she got any money?
11 Were there any people?
12 Did he wear a suit?
13 Did you have a lot of/much time?
14 Does he play the guitar?
15 Did he put it off?

➜ *Probleme mit **some** und **any** ? Sie werden in Unit 4 behandelt (→ Kap 9).*

E Past simple or continuous ? — Setzen Sie die Formen ein.

1 was sitting / heard
2 was doing / was making
3 got / was watching / was lying
4 were listening / was trying
5 was having / saw
6 were waiting / got / ran

F Story sequences.

1 were packing (*Oder, falls sie erst dann begannen*: packed) / when / went off
2 was / when / heard / were working / brought
3 were cooking / while / was watching
4 was trying / when / fell / didn't break
5 went / when / arrived / was playing / got / was sitting / when / saw
6 While / was making / was repairing
7 While (When) / was lying / heard 8 lost / while (when) / was taking
9 had / went / fell / while / was watching / was dreaming / when / woke / noticed / was coming

G Translation — Bitte übersetzen Sie.

1 I was born in Zurich in 1977. 2 I didn't go home at 10 o'clock.
3 My parents moved to Berne three years ago.
➜ ***Tip** zu den Sätzen 1-3: Die **Orts**angabe steht **vor** der **Zeit**.(→ 5,7,8).*
4 Christopher Columbus didn't discover India in 1492.
5 They (You) weren't at home last night. 6 When did he leave?
7 They (You) were born in Geneva in 1979 and 1981.
8 We stayed there for two months. 9 She was feeling bad before the trip.
10 Aren't you looking forward to the party?
11 You can't go in during the show. You('ll) have to wait until/till the break/intermission.
12 Is he good at babysitting? — Yes, and he likes/enjoys looking after babies/little children.

H Translation — Bitte übersetzen Sie.

1 I was having a bath when you called/phoned/rang.
2 What were you doing at 8 (eight) o'clock?
3 I was cooking while Toni was watching TV.
4 She was walking down the road/street when she suddenly heard a noise.
5 Susan was working while Jane was lying on the beach.
6 When the bell rang, I was doing my/the homework.
7 I didn't hear you at 6 (six) o'clock because I was mowing the lawn / cutting the grass.
8 Jim was studying French while Max was playing football.

Unit 4

Unit 4

A Singular or Plural?

2	S	Möbel	3	P	Polizei	4	–	Autos	5	P	Hose/n	6	S	Rat
7	–	Klavier	8	–	Tomaten	9	–	Mädchen	10	S	Nachricht/en	11	–	Jungen
12	P	Kleider	13	S	Gepäck	14	S	Mathematik	15	P	Schere	16	S	Information/en

B Tricky plural forms — Bilden Sie die Mehrzahlformen.

1	dishes	2	flies	3	children	4	biros	5	buses
6	mice	7	motorbikes	8	radios	9	ashtrays	10	teeth
11	women	12	potatoes						

C *some, any, a, an* — Setzen Sie das richtige ein.

1 some / any 2 some / a 3 any / an

4 a *(ein Pâtisserie, ein Kleingebäck) oder* some *(ein Stück Kuchen, Teil davon)* / Ø (leer)

5 some / a 6 any / any 7 some / an 8 some / a / Ø (leer)

9 any / some 10 some 11 any / some / some 12 a *(ganze) oder* some

D *Some, any* etc. — Setzen Sie *some, any* oder Zusammensetzungen ein.

1	anyone, anybody / any			2	somewhere	3	anything
4	someone, -body	5	any	6	some	7	anything
8	Something	9	something	10	anything	11	some
12	some	13	some	14	Something	15	any
16	some	17	any	18	some	19	any
20	anything	21	someone, -body	22	something	23	anything
24	Someone, -body	25	anything	26	any		

E *Much, many* or *a lot (of)* — Setzen Sie den besten Ausdruck ein.

1	much	2	many / a lot	3	much	4	many
5	much / A lot	6	much	7	many	8	many
9	much / A lot	10	much	11	much / a lot	12	much
13	much / much	14	many				

F *Little, a little, few* or *a few* ? — Setzen Sie das beste ein.

1	few	2	a little	3	a few	4	little	5	a few	6	a little
7	little	8	a few	9	a little	10	few	11	a little	12	a few

G *a, the* or nothing? — Setzen Sie einen Artikel ein oder lassen Sie die Lücke leer.

1	Ø / Ø	2	Ø	3	Ø / Ø	4	the / the
5	the / Ø	6	Ø / Ø	7	a / Ø	8	Ø / Ø
9	the / the	10	Ø	11	Ø / Ø	12	Ø / Ø / Ø
13	Ø / a	14	Ø / Ø / the / the	15	Ø / the *or* a / Ø	16	a / an
17	Ø / the / Ø / the / Ø / Ø						

H Translation — Bitte übersetzen Sie.

1 I have a lot to pack: 2 pairs of trousers, 3 white shirts, a few ties, a jacket, socks, shoes ...

2 Don't forget your raincoat. (*Bei Kleidern steht wie bei Körperteilen meist der Besitzende*).

3 Have you got / Do you have a lot of (much) luggage?

4 No. Just (Only) a bag with my pyjamas, my miniskirt and some tights. I'm going to put on (wear) my yellow blouse, a pair of shorts and my boots.

I Translation — Bitte übersetzen Sie.

1 Would you like some cucumber salad? 2 Could you buy some cherries (please)?
3 Can I have some cake? 4 For dinner? Super. I'll bring the white wine.
5 A French recipe? No problem. I'll translate it for you.
6 What about the potatoes? — I'll peel them.
7 Where are the scissors? — I'm using them to peel the garlic. I couldn't find a knife.
8 Is everything all right (okay) now ? — More or less, yes.

Unit 5

Unit 5

A Which auxiliary verb? — Streichen Sie die unpassenden Wörter durch.

1 Would / Yes, please 2 Would / No, thanks 3 Will / Of course
4 Do / Yes, a lot. 5 Can / Yes, I'd like ... 6 Would / Yes, I'd love to.
7 Do you want / Yes, I'll ... 8 What about / Yes, I'll buy ...
➜ *Wie im Deutschen ist die Form **No, I wouldn't** nicht gebräuchlich. Man sagt **No, thanks**.*

B Setzen Sie Formen von *like* oder *would like* ein — und passen Sie die Verben an

1 Would (you) like to come 2 Do (you) like jogging / like swimming
3 Would (you) like to go / would like to try 4 Does ... like visiting / would like to see
5 Would (they) like to go / to stay / don't like being
6 Does (he) like eating / would like to cook 7 would like to watch / likes
8 Would (you) like to work / trading 9 Would (you) like to have
10 Does (Jim) like reading 11 Would(n't you) like to be
12 Does (Gabriela) like writing

C Infinitive (with or without *to*) or gerund (*-ing*) ? — Setzen Sie die Verben ein.

1 to buy / to have (eat) 2 talking / listening
3 making / to make 4 smoking / to believe
5 to cook / help / to chop / to let / go 6 remember to empty
7 hearing 8 smelling
9 riding / to take 10 sitting / doing / working
11 to book 12 to go swimming
13 to send / believe 14 to leave / to stay

D Ergänzen Sie den zweiten Satz so, dass er eine ähnliche Bedeutung hat wie der erste.

1 enjoy developing new 2 hate to fail 3 don't forget to buy
4 looking forward to seeing 5 hard to find the
6 prefer not to do it 7 remember coming to this

E I'll do the same — Bilden Sie (zu zweit) aktuelle Handlungssätze.

1 Our neighbours are going to buy a new car. — Okay, I'll buy a new car, too.
2 The manager is not going to work today. — Okay, I won't work today, either.
3 I'm not going to drink this week. — Okay, I won't drink this week, either.
4 John is going to offer me a job. — Okay, I'll offer you a job, too.
5 I'm not going to stay long. — Okay, I won't stay long, either.
6 Melanie is going to study English. — Okay, I'll study English, too.
7 The Times is going to mention my book. — Okay, I'll mention your book, too.
8 Quick Ltd is going to remit the money today. — Okay, I'll remit the money today, too.

F *will* or *be going to* ? — Setzen Sie ein.

1	'll / will	2	'm going to	3	'll / will	4	are going to
5	'll / will	6	'm going to	7	are going to	8	's (is) going to
9	'll / will	10	'll / will				

G Zukunft mit *will* oder *be going to* ? Positiv oder negativ ? Oder *Shall*?

1 are going to 2 Are you going to / I'm going to / 'll 3 I'm going to
4 is going to / will / will 5 'm going to / 'll 6 'm going to / shall
7 won't 8 not going to 9 is going to / won't / 'll 10 are not going to

H Translation — Bitte übersetzen Sie.

1 She likes/enjoys writing. She'd like to find a job as a journalist.
2 I enjoy/love cooking. I hope to be a famous chef (cook) some (one) day.
3 He loves/enjoys typing. He doesn't want to work outdoors/outside.
4 There's a lot of milk in the fridge.
5 When I arrived at / got to the station, Alex was waiting for me.
6 She lives in Edinburgh, but at the moment she's staying in London.
7 Would you like some mineral water?

I Translation — Bitte übersetzen Sie.

1	Would you like to leave a message?	2	Shall I call you back/again later?
3	He promised to bring the dessert.	4	Shall we go now or shall we wait for you?
5	I'm looking forward to seeing you.	6	Shall we buy or sell? — That's hard to tell.

J Vocabulary: Writing a holiday letter.

Thu**rs**day / De**a**r Brigitte / re**al**ly / somet**hing** / ha**ving** / liv**es** / he**re** / Fr**ance** / comf**ortable** / delic**ious** / g**oing** / ment**ion** / w**en**t / spect**acular** / anci**ent** / brea**th**taking / bo**ught / of** / lo**ng** / ba**ck** / vis**ited** / Bel**ieve** / the**re** / differ**ence** / betw**een** / bl**ack** / onl**y** / on**es** / b**ut** / tomo**rrow** / **are** / **to** / d**own** / sea**side** / so**me** / wh**ere** / l**ooking** / tas**ting** / H**ow /** terrib**le** / **ill** / bef**ore** / le**ft /** w**ell** / **I'll** / **as** / g**et**

A Directions — Finden Sie die richtigen Wörter? Ein Strich ist ein Buchstabe.

1 **down / to / up / out / of / left**
2 **along / until / over / into / through / on / across / in / front / of**
3 **further / past / right / under / on / left / opposite**
4 **near / around**

B *How?* and *What like?* — Ordnen Sie den Fragen die Antworten zu.

Reihenfolge: 6 / 7 / 5 / 1 / 3 / 4 / 2

C *Faster, longer, higher* — Setzen Sie die englischen Steigerungsformen ein.

1 uglier 2 worse 3 more boring 4 drier
5 prettier/more handsome/lovelier 6 better 7 busier
8 quieter/more quiet 9 hotter 10 further
11 more exciting 12 meaner/stingier 13 wetter 14 more generous

D Say *no*! — Behaupten Sie das Gegenteil. Machen Sie die Übung zu zweit.

1 No, I think it was even colder. 2 No, I think it was even worse.
3 No, I think she is even uglier. 4 No, I think it's even more expensive.
5 No, I think it was even quieter. 6 No, I think they were even newer/more modern.
7 No, I think it's even more boring. 8 No, I think it's even further (away).
9 No, I think he's even taller. 10 No, I think they are even dirtier/more polluted

E Ergänzen Sie den zweiten Satz so, dass er eine ähnliche Bedeutung hat wie der erste.

1 is worse than 2 is not as/so tidy as 3 is not as stupid/dull/slow as
4 was quieter/calmer than 5 the most delicious food I 6 way to the nearest bus

F Pronouns — Wählen Sie das beste Pronomen und setzen Sie die nötigen Kommas.

1 who (that) 2 that (which) **3** that / Ø 4 , who ... Basle, 5 who (that)
6 where 7 who (that) 8 , which ... 1998, 9 that 10 where
11 , where ... made, **12** that / Ø 13 where 14 ,whose ... *gets*,
➜ *Bei Nr. 3 und 12 darf man das Pronomen 'that' weglassen. Vergleiche Kapitel 32.*

G Translation — Bitte übersetzen Sie.

1 Which is further away, Paris or Reims? — Reims is a little nearer. And it's less expensive.
2 Could you please tell me the way to the nearest post office? / Could you please tell me where the nearest post office is?
3 There aren't as many people as yesterday. — Yes, there are a lot fewer/less than usual.
4 What were the waiters at the hotel like? — Much worse than two years ago.
5 This is/That's the best car I know. — Yes, it's even more comfortable than ours.

6 She (has) bought the best watch that was in the (shop) window/on display. It's even more expensive than mine.

7 J. F. Cooper, whose book *Leather Stocking* is very popular, created the character/figure of the lonely cowboy.

Unit 7

Unit 7

A Verb forms — Setzen Sie die drei Verbformen ein.

1 break - broke - broken
2 read - read - read
3 meet - met - met (run - ran - run + into)
4 sell - sold - sold
5 fry - fried - fried
6 go - went - gone
7 choose - chose - chosen
8 hear - heard - heard
9 play - played - played
10 pay - paid - paid
11 ring - rang - rung
12 develop - develo**p**ed - develo**p**ed
13 draw - drew - drawn
14 creep - crept - crept (sneak-sneaked-sneaked)
15 fall - fell - fallen
16 feel - felt - felt
17 throw - threw - thrown
18 steal - stole - stolen

B Extreme experiences — Bilden Sie Sätze.

1 That's the ugliest building I've ever seen.
2 He's the friendliest person I've ever met.
3 This is the most interesting offer we've ever made.
4 It's the largest company she's ever worked for.
5 This is the worst hotel I've ever stayed at.
6 It's the hardest job he's ever done.
7 That's the smartest suit you've ever worn.
8 She's the funniest person I've ever worked with.
9 These are the brightest offices we've ever had.
10 It's the fastest copier I've ever used.
11 This is the most important meeting I've ever been to.
12 That's the silliest problem we've ever talked about.
13 It's the worst mistake we've ever made.
14 That's the lowest price they've ever paid.
15 This is the worst trip I've ever been on.

C Present perfect sentence building.

1 Have you met the boss yet?
2 She has just arrived.
3 We have already delivered the goods.
4 Have they not / Haven't they paid the bill yet?
5 Have you ever seen anything like that?
6 How long have you known that business?

D Which tense? — Vorgegenwart oder Vergangenheit?

1 Have ... paid / paid
2 Has ... been / was
3 Have ... heard
4 did ... arrive
5 was typing / were watching
6 saw (had seen) / heard
7 have ... had
8 has just tried / phoned
9 Did ... enjoy / did
10 was / Have ... heard
11 Have ... done / did
12 has been
13 did ... transfer / remitted / Has ... credited

14 lived / had to / lost / has been
15 was playing / came
16 Have ... spoken
17 have lived / was
18 Has ... flown / flew
19 have ... been / began / have been
20 Were you
21 have known / started

E *Since* or *for*? — Setzen Sie ein.

1 for 2 for 3 since 4 since 5 since 6 for
7 since 8 since 9 for for

F Adjective or adverb? — Übersetzen Sie das deutsche Wort in die richtige Form.

1 difficult/hard – at last – especially/particularly – friendly/kind
2 very – far – at least – good – easily
3 simply – too – hard – Exactly/Right – always
4 nervous – almost/nearly - there
5 Fortunately/Luckily – only/just
6 Economically – even – worse - last
7 still – quite – exciting – extremely – good

G Writing a complaint : adverbs and adjectives in a formal letter.

recent – Unfortun**ately** – pro**perly** – sligh**tly** – ba**dly** – possi**bly** – prepa**red** – **fine** – care**fully** – extre**mely** – **noisy** – har**dly** – **very** – effect**ive** – unusa**ble** – immedi**ately** – grate**ful** – **new** – so**on** – possi**ble** – **cold** – **fast** – stro**ng** – faith**fully**

H Translation — Bitte übersetzen Sie.

1 Since when have you lived here?
2 She hasn't arrived yet.
3 When did you do that?
4 We went to Davos by bus on Saturday. (Or: On Saturday we went ...)
5 When did he leave?
6 How long have you known him?
7 I travelled to St Moritz with a friend on Wednesday (Or: On Wednesday ...)
8 He hasn't written/typed it yet.

I Translation — Bitte übersetzen Sie.

1 My friend Tobi, whose wife is a teacher, looks after/takes care of his son Florian.
2 People who (that) believe everything they see, don't know much about computers.
3 Every sentence he says is great/super.
4 That's something (that) I don't understand.
5 The season (that) I like best is summer.
6 My nephew Gaël, who simply/just doesn't know what to do/what he could do, probably needs great (a lot of) help.
7 This is the worst hotel (that) I have ever stayed at.
8 The Hong Kong economy, which has had a weak year so far, may/might recover soon/ quickly/ shortly.
9 She (has) lost her money and her nerves, which is even worse.
10 This is the most boring film (that) I have seen for years.

A *Must* or *have to* ? — Setzen Sie die besten Formen ein.

1 have to 2 Do we really have to 3 has to 4 must
5 have to 6 must 7 has to 8 must 9 must
10 Must you 11 Must he 12 must

B *Mustn't* or *not have to* ? — Setzen Sie die passenden Verbformen ein.

1 won't/don't have to 2 mustn't 3 mustn't
4 doesn't have to 5 don't have to 6 mustn't 7 don't have to
8 mustn't 9 mustn't 10 don't have to

C If you ... , you should / shouldn't etc.

1 k: she shouldn't (eat) 2 i: they should (go) 3 c: you shouldn't (promise)
4 m: we should (sell) 5 d: he should (go out) 6 a: you shouldn't (go to work)
7 l: you should (go to A...) 8 h: she shouldn't (make) 9 b: we should (be there)
10 g: (we) shouldn't (take) 11 j: she shouldn't (stay) 12 e: you should (go to the n...)
13 b — ***should*** *here expresses an assumption (drückt eine Annahme aus).*

D Which auxiliary verb? — Setzen Sie die besten Hilfsverben ein.

1 can't/cannot – Could 2 must 3 don't have to – Shall/Can
4 must 5 should (must) 6 Must
7 Can (May) 8 Could/Will/Would 9 Shall – shall
10 must/have to 11 must 12 should/will

E *be able to, be allowed to* or *have to*?

1 allowed to 2 be able to 3 had to 4 have to
5 Does ... have to 6 be able to 7 Did ... have to 8 to be able
9 will ... have to 10 be allowed to 11 been able to 12 were (not) allowed to

F Right or wrong?

1 should study 2 ✓ 3 please tell me 4 We had to work
5 ✓ 6 cannot/can't type 7 I'd like to be able to come (I'd like to come)
8 can speak French 9 ✓ 10 didn't have to

G Vocabulary : make or do?

1 do 2 did 3 made 4 do
5 make 6 do 7 done 8 Make
9 make 10 do 11 doing – making 12 made
13 Do 14 is making 15 do 16 doing

H Writing a semi-formal letter.

Dear Ms Page

Thank you **for** your letter **of** March 21. I ① **am** very sorry that I ② **cannot** meet you **on** either the 13th or 14th as you suggested. I ⑥ **have to** be in London that week. It is a long-standing appointment **which** I am afraid I ③ **cannot** change.

On the other hand, it ⑦ **would** be possible to meet **on** Saturday 18th. I would even be ⑨ **able to** collect you from your hotel **at** 11.30am. I ④ **could** then show you round the business college after lunch. We ⑧ **would** have time to draw up some sort of schedule **for** the trip.

If this is not convenient, please ⑤ **don't** hesitate to contact me on 01-444-6600.

I am looking forward **to** meeting you.

Yours sincerely

A. Cooper

I Translation — Bitte übersetzen Sie.

1 I don't have to work on Saturdays. 2 You shouldn't tell any lies.
3 You must taste this/that dish! It's delicious.
4 You mustn't forget that you will have/take an exam soon.
5 Did you have to wear a uniform? 6 You've got/have a cough. You should stop/quit smoking. 7 You must see that film! It's so funny.
8 You mustn't forget that it's hard/difficult to dye (your) hair.

J Translation — Bitte übersetzen Sie.

1 Has he had / Did he have to leave? 2 She is really big (fat). She should stop drinking beer. 3 You don't have to send her (any) roses.
4 You shouldn't eat (any) meat on Fridays. 5 Shall I bring some wine?
6 Can/Could I borrow your pen? 7 Do you think I'll be able to do the shopping?
8 Have you ever really had (Did you ever really have) to work?

Unit 9

Unit 9

A Future Situations.

➜ *Die Zahlen helfen Ihnen, die Kapitel in der Grammatik nachzuschlagen.*

1 Spontane Reaktion 20b 2 Prognose mit Anzeichen 21c2
3 Sachinformation 34b 4 Arrangiertes Ereignis 4c2c
5 Spontanes Hilfeangebot 13 6 Persönliches Urteil 34c
7 Fester Plan / Arrangiertes Ereignis 4c2c 8 Fester Plan 21c1
9 Persönliches Urteil 34c

B Present tense or *will*?

1	stops	2	bring	3	is	4	won't talk
5	phone	6	doesn't deserve	7	will be	8	don't hear

9 'm/am — 10 will be — 11 will find — 12 doesn't want

➜ *Bei Sätzen 7 und 11 steht im Nebensatz nach **when** ein **will**. Denn die Zeit im Hauptsatz ist unabhängig vom Nebensatz.*

C Sentence links.

1 *e* as soon as I can. — 2 *h* **unless** she gets ... — 3 *d* **when** your flight gets ...
4 *i* **before** you use ... — 5 *g* **If** you can't ..., I will ... — 6 *c* **After** I talk ..., I'll call you ...
7 *f* **if** we miss ... — 8 *b* **unless** you listen to ... — 9 *a* **until** you get here, ...

D Ergänzen Sie den zweiten Satz so, dass er eine ähnliche Bedeutung hat wie der erste.

1 if she does not book — 2 soon as he arrives — 3 will not (won't) leave before
4 unless they do not — 5 until you give — 6 news when I see
7 won't like your plan unless — 8 if he doesn't have
9 when/after she has typed — 10 accounts unless she is too

E *going to* or *will*?

1 are going to cost — 2 will get — 3 is going to have
4 will have — 5 is going to rain — 6 will be
7 Are ... coming (Will ... come) — 8 will lose
9 'm going to get – will have — 10 'm going – will ... eat
11 will tell — 12 is going to do – Will ... help

➜ Writing: Pro and con — Text verfassen: Pro und Kontra.
F Verständnis des Inhalts und des formalen Aufbaus in 4 Absätzen.

Advantages and disadvantages of living in the city

1 Living in the city is often the secret dream of commuters. **2** However, in reality, it has both its advantages and disadvantages.

3 There are many advantages to living in the city centre. **4** First of all, entertainment, particularly in the evening, is easy to find. **5** Actually, there is such a wide choice that it is sometimes hard to make up one's mind. **6** Moreover, because there are more people, one can have a larger number of friends. **7** And, last but not least, the fact that there are so many shops and services results in better job opportunities. **8** As a result, one does not have to travel long distances to work in crowded trains or buses, which can also be quite expensive.

9 On the other hand, there are certain drawbacks to life in the city. **10** Firstly, one is far away from nature, and there is neither peace nor quiet. **11** In addition, life in the city is fast-lived and stressful, and that's why people tend to be less open and friendly. **12** A final, but major disadvantage is that there is such a lot of traffic. **13** And pollution of the air can damage one's health. **14** Therefore, bringing up children is not without high risks.

15 In conclusion, it can be seen that the city is more suitable for some than for others. **16** On the whole, it is often the best place for young single people who are following a career and who want some excitement. **17** In contrast, families with young children are usually better provided for in the country.

G Text planning — Lösungsvorschlag.

A 1 mobile phones seem to be the status symbol number one nowadays. 2 but do I personally really need one?

B 1a can be reached at all times 1b which is essential / very important for managers
2a can be taken anywhere 2b because it's light and handy 3 can save time in traffic jams

C 1 dangerous when driving 2 expensive 3 can be embarrassing

D 1 despite the advantages I don't need one 2 because have neither car nor my own business

H Keine Standardlösung.

I Text organisation links — Praktische Ordnungshelfer.

First of all	Moreover	However	Therefore	Finally	To sum up
firstly	in addition	nevertheless	as a result	last but not least	on balance
to begin with	what's more	on the other hand	so		on the whole
	also	in contrast	that's why		in conclusion
	furthermore	but			

J Keine Standardlösung.

K Translation — Bitte übersetzen Sie.

1 She needs / will need the account by the end of May.
2 Why are you calling? — I'm going to work in New York for a year. Could I stay with you?
3 He says (that) our planet will run out of energy soon. (... will soon run out of ...)
4 I'm leaving tomorrow. 5 What are all these boxes here for? — I'm going to move (houses). — I can't believe it! Great / Super! I'll help you (to) pack.
6 Oh, really? Are you going to have a baby?

L Translation — Bitte übersetzen Sie.

1 We will supply/deliver the robot as soon as you order. 2 We will not send the goods unless you pay in advance. 3 We will start production immediately after we get the order.
4 If it rains, we'll stay (at) home. 5 I'm afraid we'll have to go shopping before we can eat.
6 She'll feel better as soon as she doesn't smoke any longer/ any more / ... she stops smoking.
7 If/When there are more cars, there will be more crashes/collisions too.
8 We won't be able to breathe any more unless we take action / act now.

Unit 10 Unit 10

A "How people used to live 200 years ago".

1 People used to travel in coaches.
2 People didn't use to cook with electricity.
3 People used to die much younger.
4 People didn't use to drive cars.
5 People used to respect older people.
6 People didn't use to buy food at supermarkets.

7	People didn't use to be able to vote.	8	People used to eat less meat.
9	People didn't use to get divorced.	10	People didn't use to live in one-child families.
11	People used to work longer hours.	12	People didn't use to watch TV.

B Setzen Sie die Verbformen ein.

became	grew	didn't have	were
used to get up	used to study	used to have	got/was getting
turned	never used to be	used to ask	met
got	used to spend	fell	had

C **Sir William Shakespeare's** spirit.

1	When were you born?	2	Where were you born?
3	When did you first act in a play?	4	What did you start to do in 1592?
5	Where did you (use to) play a lot?	6	When did you buy part of a theatre?
7	What was a great success?	8	How much did it make?
9	Who directed *As You Like It*?	10	What did you write then?
11	What did you do in 1610?	12	Who died in 1616?

D Questions —Fragen Sie nach dem unterstrichenen Ausdruck.

1	Who taught you not to be afraid?	2	What did he tell you?
3	Who phones you every day?	4	What is the temple built of?
5	Where was Kim born?	6	Who met Jim at a party?
7	When did they go to the cinema?	8	Who is she looking after?
9	How did he break his leg?	10	Which (one) costs more?
11	What did you ask him for?	12	Where does she come from?
13	What size was it?	14	Who did you talk about yesterday?
15	What's this fork for?	16	Whose idea did they appreciate most?
17	How often does Rudi come here?	18	What does she look like?

E Question tags — Hängen Sie die passende Kurzfrage an.

1	is he?	2	won't they?	3	didn't she?	4	doesn't she?	5	isn't she?
6	hasn't he?	7	don't they?	8	did you?	9	didn't she?	10	did we?
11	don't you?	12	did they?	13	hasn't she?	14	isn't he?	15	doesn't he?
16	won't you?	17	is she?	18	didn't he?	19	is there?	20	doesn't she?

➜ *Sätze 3 und 18 sind im Past Tense. Present Tense hätte ein -s.*
Sätze 10 und 19 sind mit hardly (any) verneint.

F Vocabulary: Gender — Männliche und weibliche Wörter.

1	actor – actress	2	auto/motor mechanic (2x)	3	landlord – landlady
4	nephew – niece	5	cook/chef (2x)	6	waiter – waitress
7	father-in-law –		mother-in law	8	uncle – aunt
9	prince – princess	10	bull – cow	11	men – women

12 cock/ US: rooster – hen 13 shop assistant (2x) 14 judge (2x)
15 count – countess

G Translation — Bitte übersetzen Sie.

1 When I was little (small), I never used to wear pyjamas. 2 He used to be a judge, but then he broke the law himself. 3 She used to wear her hair long, but then she got married.
4 She used to earn/make a lot of money, but then she lost her job. 5 I used to smoke, but last year I stopped/gave it up/quit. 6 When I was young, I used to enjoy driving a lot.

H Translation — Bitte übersetzen Sie.

1 What is this for? 2 You like cheese, don't you?
3 There's some milk left, isn't there? 4 What colour is it?
5 Whose glasses are these? 6 There were hardly any people, were there?
7 She should work more, shouldn't she? 8 You'll wait for me, won't you?

Unit 11

Unit 11

A Passive sentences — Bilden Sie Sätze im Passiv. Beachten Sie die Zeiten.

1 was stolen 2 are made 3 are asked 4 is being repaired
5 were blown up 6 has ... been found 7a was destroyed
7b was built 7c were used 8 be run 9 is being questioned
10 be delivered 11 Was ... killed 12a has been said
12b will ... be done 13 is being invested 14 Have ... been offered
15 is being painted 16 have already been told

B Active or passive? — **The Beginnings of Slavery**

1 were imported 2 became 3 required 4 existed 5 do
6 was brought 7 was taken 8 allow 9 was created 10 was named
11 been freed 12 be transported 13 knew 14 was complicated
15 separated 16 brought 17 meant

C Active or Passive? — **Speeding through construction site at 208kmh**

1 was driving 2 is ... being done 3 was registered 4 has been reduced
5 passed 6 followed 7 arrest 8 did not have
9 was found 10 was / had been disqualified 11 was ... arrested
12 disqualified 13 be prosecuted 14 have 15 be fined

D Transformations.

1 I was told some interesting details. 2 The light bulb wasn't invented by Bell
3 All the food was eaten. 4 Have the letters been typed?

5	*Hamlet* was written by Shakespeare.	6	A new plan is being drawn now.
7	Jim should be taught a lesson.	8	£1b is going to be spent on roads.
9	This important fact has been forgotten.	10	Two pictures were stolen.
11	Has Swatch been made for many years?	12	A lot of rice is grown in Arkansas.
13	New offices are being built.	14	A knife was thrown.
15	This tower is going to be torn down.	16	You will be sent a free copy.
17	These goods must be flown in tomorrow.	18	The Tower can be seen from here.
19	Your wallet has been found.	20	You will be driven to the airport.
21	She has been offered a job.	22	We should be paid more.
23	Were you given the money?	24	The letters are being typed.
25	I hope this law won't be broken.	26	She was shown the pictures.
27	Cash will be paid on delivery.	28	This food should be kept in the fridge.

E Prepositions and more — Setzen Sie das passende Wort ein.

1	Would – on	2	by/with – them	3	to	4	tell – by
5	at – from – of	6	on	7	in – of	8	to

F Translation — Bitte übersetzen Sie.

1 It should be done at once/immediately. 2 The spare parts are produced/made in Italy. 3 That was badly organised. I didn't deserve that.
4 How many CDs have been sold so far/until now/yet? 5 The copier is being repaired (at the moment). 6 Their anniversary was celebrated last year.
7 He was informed yesterday. 8 What reward you'll be given depends on you. 9 No-one/ Nobody has been told.
10 You will be promised everything, but you won't be given anything.

Unit 12 Unit 12

A Always or just now?

1	Would ... like to have	2	don't like drinking	3	prefer
4	Does ... like reading?	5	loves	6	'd / would like to read
7	'd / would prefer to read	8	Would ... love to be	9	always enjoy going
10	love travelling	11	Would ... like to go	12	Do ... enjoy
13	'd (would) like to try	14	'd (would) hate to run	15	'd (would) prefer to go
16	loved eating				

B What for? — Bilden Sie Fragen und Antworten bezüglich Zweck einer Handlung.

1 What did you go to the library for? – To borrow a book. 2 What did ... the station for? – To get/fetch/collect my aunt. 3 What ... the post office for? – To pay my bills.

4 What ... the travel agent's for? – To book a flight. 5 What ... the grocer's for? – To buy (some) salt. 6 What ... the (swimming) pool for? – To do my kilometre. 7 What ... the bank for? – To open a new account. 8 What ... the supermarket for? – To do the shopping.

C Dual use: Infinitive with *to* or gerund? — Setzen Sie die Verben in die passende Form.

1 to buy 2 to post 3 selling 4 talking to look
5 eating 6 seeing 7 looking 8 to inform

D Infinitive or gerund?

1 to meeting 2 to take 3 playing 4 buying
5 work 6 opening 7 riding – driving to walking
8 leave 9 to do 10 learning 11 to inform
12 to having 13 to stay 14 going on working 15 to finish
16 to having to study 17 remembering 18 to meet
19 to learn 20 talking 21 to keep supplying 22 to do – trying
23 to work 24 lying 25 to discussing – to being
26 referring 27 to buy 28 seeing 29 working – to sitting – twiddling 30 meeting – to seeing 31 to take
32 to let – know – changing – to waste
33 to negotiate

E Verbs with Objects + *to* + the infinitive.

1 want me to 2 guide told us where to 3 not want her to tell
4 advised me to buy real 5 told Karin to be more 6 would like the secretary to
7 asked/invited us to come over 8 told Andy to go ahead
9 help you (to) do the 10 told me when to start

F Adverbs revisited.

1 Please stop this immediately. 2 I suddenly saw a**n** enormous snake.
3 You look good with your new glasses. 4 He works hard.
5 I don't usually start work early. 6 It seemed absolutely impossible.
7 There can sometimes be great surprises. (*Oder* sometimes *am Anfang oder Ende*).
8 Fortunately, I was very patient. 9 Come up here quickly.
10 Obviously, they can't see us clearly. 11 I'm glad that she looks happy.
12 He hardly earns any money at all.

G Apostrophe.

1 girls**'** (Genitiv nach Plural *-s*) 2 They're (**are**) – there's (**is**)
3 rock'n'roll (**and**) 4 Where's (**is**) – men's (Genitiv) – ladies**'** (Genitiv nach Plural *-s*)
5 That's (**is**) – you'll (**wi**ll)

6 it's (**is**) – it's (**is**) – minutes' (Genitiv nach Plural *-s*) 7 they're (**are**)
8 Parkers' (Genitiv nach Plural *-s*) – it's (**is**) – boyfriend's (Genitiv)
9 you've (**ha**ve) 10 Where's (**is**) – children's (Genitiv) – shoes' (Genitiv nach Plural *-s*)

H Translation — Bitte übersetzen Sie.

1 How nice to see you!
2 She spent (used to spend) hours watching TV.
3 I don't want to go out tonight.
4 We're looking forward to seeing you.
5 Would you mind me/my leaving at 3 o'clock today (this afternoon)?
6 I'd like to go skiing tomorrow.
7 She's keen on dancing with you.
8 Don't make me laugh.
9 He suggested going to the sauna.

I Translation — Bitte übersetzen Sie.

1 She refused to tell me.
2 Let me watch TV now.
3 Leave me alone.
4 Do/Would you mind my/me smoking?
5 I was afraid of telling them.
6 Did you manage to be on time/punctual?
7 It's not worth going there.
8 That's not easy to do.
9 I want you to help me.
10 He encouraged her to stay.

Unit 13

Unit 13

A Remember *if* and *when* ?

1 if 2 when 3 if 4 if 5 when
6 when 7 when 8 if 9 if 10 when

B Bilden Sie Sätze mit If I ..... I would / could ...., too / either.

1 If I were/was slim, I'd look great in jeans, too.
2 If I worked hard, I'd earn a lot, too.
3 If I knew the boss, I'd get good jobs, too.
4 If I could ski, I'd go to ... , too.
5 If I had a loving wife, I'd be happy ... , too.
6 If I met many people, I'd have ... , too.
7 If my husband took the bike, I could use.. ,too.
8 If I ran 3kms a day, I'd keep fit ... , too.
9 If I didn't work, I'd have ... , too.
10 If I were/was rich, I wouldn't worry about my job, **either**.
11 If I had to work, I wouldn't be ..., **either**
12 If I could sing, I'd like ... , too.

C Setzen Sie die Vergangenheit oder *would / could / might* + Grundform ein.

1 might get
2 would get – sold
3 came – would ... be
4 couldn't – wanted
5 did – were/was – would – might
6 would call – knew
7 Would – put
8 might get – bought
9 Could (Would) – would like – would – didn't have – Couldn't
10 listened – might

D Mixed verb forms — Setzen Sie positive oder negative Formen ein.

1	might	2	won	3	did	4	could	5	Will/Could
6	were	7	want	8	didn't	9	will – isn't	10	might

E Ergänzen Sie den zweiten Satz so, dass er eine ähnliche Bedeutung hat wie der erste.

1	did not understand, I could	2	might not get married to
3	if she does not book	4	do if you lost
5	as soon as he finishes	6	would not be waiting
7	unless she does not	8	was offered a job

F Vocabulary: Multi-word verbs — Setzen Sie die passenden Wörter ein.

1	off	2	after	3	into	4	on with	5	of
6	for	7	on	8	on	9	in	10	up
11	up	12	down	13	at	14	up	15	into

G Word order — Ersetzen Sie das Nomen durch ein Pronomen.

1	Look it up.	2	Look after them.	3	Get out of it.
4	Get on with it.	5	Cut it up.	6	That was asking for it.
7	Clean it up.	8	Pick them up.	9	I'm looking forward to it.
10	What do you think of him/her?	11	I'll take it off.	12	Don't throw them away.

H Translation — Bitte übersetzen Sie.

1 If I were/was a princess, I wouldn't go to school. 2 If I go shopping today, I'll buy lots/a lot of chocolate. 3 You may not be (Maybe you are not) good at quick (fast) decisions. But would it really be an advantage to be (if you were) quicker?
4 I might be (become) an English teacher. Then I could (always) speak English (forever).
5 As soon as we wake up, our dreams begin (start) to melt away.

I Translation — Bitte übersetzen Sie.

1 Call her up/Ring her up. 2 Look at this picture. 3 Wait for me.
4 Your cigarette stinks. Put it out. 5 Go and ask the boss for it.
6 That's an interesting discussion. We can't break it off now.
7 My bank accounts? Max looks after them.
8 If you knew everything about smoking, you would give it up today.

Unit 14

Unit 14

A Why is Jackie bored? — Schreiben Sie nur die Verbformen.

1	has been	2	has been typing	3	's been making
4	's been writing	5	's been answering	6	's been filing

7	's been sending	8	's been updating	9	's been processing
10	's been changing	11	's been checking	12	's been ordering
13	's been buying	14	's been		

B Das Wort *already* meist im positiven Satz und *yet* meist bei Verneinungen und Fragen.

1	**tried** – yet	2	already **done**	3	**read** – yet
4	**seen** – yet	5	already b**ee**n to**ld**	6	already **read/seen**
7	**had** – yet	8	**finished** – yet	9	so**ld** – yet
10	already rec**eived**	11	**got** – yet, already b**ought**	12	dev**eloped** – yet

➜ *Vergleichen Sie dazu Kapitel 27b2.*

C Cause and effect — Ordnen Sie die Satzteile einander zu.

9 – 3 – 11 – 7 – 6 – 5 – 10 – 1 – 8 – 2 – 4

D Trying to impress me?

1	I've always been eating ...	2	I've been investing in ... for years.
3	My wife has been blond	4	I've had a ... for years
5	I've been driving a ... since I can ...	6	I've always had a pool.
7	I've been managing a ... for years.	8	I've been playing golf since I was ...
9	I've always had a villa ...	10	I've been paying by ... since 1986.
11	I've been working on ... for years.	12	I've known the ... since I **went** to ...

E *been* or *gone*? — Setzen Sie die Formen der Vorgegenwart ein.

1	gone	2	has ... been	–	have ... been	3	Has ... gone
4	have(n't) been	5	been	6	has gone	–	has gone
7	Have ... been	8	has gone	9	gone	10	Have ... been

F Positive and certain or not?

1	any – any	2	yet – yet	3	a long time
4	a lot of – much	5	as – as	6	for a long time

G Vocabulary: Word Families.

1	knowledge	2	employees	3	discoveries	4	advertising
5	accommodation	6	developments	7	reliable	8	valid
9	Hopefully	10	unusually	11	advice	–	advisors/advisers
12	argument	13	always	14	carelessly	15	delicious (delightful)

H Translation: *Past* vs. *Present Perfect*, *Simple* vs. *Continuous*.

1 Heathrow has grown into something like a city.
2 I've been working for nine hours now. 3 When did you begin/start?
4 What were you doing at one o'clock? — I was having lunch.

5 Have you been here long?
6 She's gone to the bank.
7 Has he ever been to Naples?
8 I've had this teddy bear since I was born.
9 Have you forgotten the word *still*?

I Translation — Bitte übersetzen Sie. Beachten Sie die Zeiten.

1 Iris and Joel have known each other since they met at/in kindergarten.
2 They've been going (out) together for a long time. 3 They got engaged last year.
4 Now they're looking forward to their wedding. 5 They've already invited all their relatives. 6 Their friends will be there, too.
7 On the day after the wedding they are going to travel to St Tropez for their honeymoon. *Or*: ... they are going on their honeymoon in St Tropez *etc.*
8 They booked the hotel two weeks ago.
9 When they arrive/get there, they will be given a present.

Unit 15

Unit 15

A Unlucky Ms R. Able

2 got – had left – was told – would run
3 had phoned – arrived – would meet – knew
4 brought – had asked – would break – didn't know
5 was served – had ordered – had – would find
6 wanted – found – had forgotten – couldn't – had been stolen – would start
7 arrived – had been given – would never forget – was

B Transformations — Bilden Sie die indirekten Redesätze.

1	she lost	2	they would	3	this/it felt good
4	saw	5	to wash my	6	I was
7	not to drink	8	she had thrown	9	they could stay
10	not to forget her	11	s/he wouldn't believe	12	they had been to/in
13	he did	14	to go	15	were

C Transformations — Bilden Sie die indirekten Redesätze.

1	she had shown him	2	(that) he had then shut	3	she always wore
4	he would understand	5	they hadn't said	6	s/he had been to/in
7	he would have to work	/	he had to work	8	Susan had set
9	he wouldn't help me	10	her left eye had hurt	11	(that) she didn't like
12	he rode	13	(that) she had eaten	14	not to do that
15	she was really				

D Writing A Report — Setzen Sie die richtigen Zeiten ein.

A1 happened – was – started – could – liked – had never meet – thought – had – had never seen
A2 tried – asked – could – didn't know – might
A3 went – asked – to buy – was - was looking – wanted – was – said – would – wanted
A4 came – went – felt – noticed – had left – realised – had been stolen

E Ergänzen Sie den zweiten Satz so, dass er eine ähnliche Bedeutung hat wie der erste.

1 offered me a
2 that she slept
3 told they would soon be
4 stated that politicians shook
5 (that) they had been watching
6 allowed me to smoke / told me I could smoke
7 if he was
8 she had also been to (in)
9 refused to eat
10 know where the keys were
11 suggested going to
12 them what they were

F Translation — Bitte übersetzen Sie.

1 He said (that) he was getting hungry.
2 I asked myself/wondered why I had got lost.
3 He told me to get a move on/hurry up because it was getting late.
4 She said she was getting cold.
5 Her parents had got/been divorced before she was two (years old)
6 He asked himself if/wondered whether she would ever grow up.
7 I could see (that) she was getting nervous.
8 She told me to get ready.

G Translation — Bitte übersetzen Sie.

1 They admitted that there were some problems.
2 He explained (declared) that the train had never been delayed / late (yet).
3 She advised him not to sell.
4 I asked her where she was going/travelling (to).
5 I asked myself if / wondered whether she had forgotten me.
6 They had no idea that there would be a stock market crash (on) the day after / next day.
7 I asked when the last train left.
8 She wanted to know if/whether she could pay by credit card.
9 She told me (that) she was getting tired and (that) she wanted to go home.
10 He told me (that) he might get a new job.